한림신서 일본학총서 87

중동 현대사

중동 현대사

후지무라 신(藤村 信) 지음 · 정원창 옮김

小花

한림신서 일본학총서 87

중동 현대사

초판인쇄 2007년 4월 9일
초판발행 2007년 4월 16일

지 은 이 후지무라 신
옮 긴 이 정원창

발 행 인 고화숙
발 행 처 도서출판 소화
등 록 제13-412호
주 소 서울시 영등포구 영등포동 7가 94-97
전 화 2677-5890
팩 스 2636-6393
홈페이지 www.sowha.com

ISBN 978-89-8410-317-7 94080
ISBN 978-89-8410-105-0 (세트)

잘못된 책은 언제나 바꾸어 드립니다.

값 6,800원

머리말

중동에서는 예측할 수도 없는 뜻밖의, 더구나 세계의 운명을 좌우할 사건이 자주 발생합니다. 이 책은 제2차 세계대전이 끝난 후 50년간 이 지역에서 발생한 일련의 사건에 대해 알아보고 중동이 안고 있는 각종 문제에 대해 알고 싶어하는 독자를 위해 쓴 안내서입니다.

우리에게 중동은 지리, 역사, 민족, 종교 등 모든 분야에서 소원한 세계입니다. 그리고 중동에서 전해지는 일들은 좀처럼 이해하기 어렵습니다.

일본과 중동을 연관시킬 수 있는 것은 석유 문제입니다. 석유는 '검은 황금' 으로 일본의 경제 성장과 경제 활력을 지탱하는 에너지입니다. 이 석유는 마치 이슬람 신도에게만 특혜적으로 주어진 알라 신의 선물인 것처럼 중동 국가들에 집중적으로 매장되어 생산되고 있으며 세계 각국에 공급되고 있습니다. 일본이 중동의 석유에 관심을 갖는 것은 당연한 일이며 일본 경제의 중동 석유 의존율은 80퍼센트를 넘었으며 수년 내에 90퍼센트에 달할 것입니다. 석유를 대체할 에너지를 발견하지 못하는 한 이러한 구도에 큰 변화는 없을 것입니다.

한편 석유는 경제 활력일 뿐만 아니라 정치 그 자체이기도 합니다. 과거 중동에서는 무언가 사건이 생길 때마다 "석유를 찾아라"라는 룰이 있었습니다. "여자를 찾아라" 하는 것은 범죄사건 수사에 임하는 초보적인 룰이라고 하는데, 중동에서 일어난 사건의 궁극적인 동기는 석유와 그 이윤추구를 둘러싼 충돌에 있으니 "석유를 찾아라"라는 뜻으로 해석할 수 있습니다. 오늘날에도 이러한 룰이 절대적인 가치를 갖고 있다고 말하기는 어려우나 무시할 수는 없을 것입니다.

예를 들어 걸프전쟁이 발발한 요인을 석유에서 찾을 수 있듯이 석유는 국제 정치를 좌우하는 중요한 일부가 되었습니다. 우리가 중동의 석유에 의존하는 이상 중동의 현재 역사에 무관심할 수는 없습니다.

오늘날의 중동을 형성하는 광대한 지역은 아시아 · 아프리카 · 유럽, 세 대륙의 접점에 있습니다. 5,000년간 이집트 · 메소포타미아 · 팔레스타인 · 페르시아 등의 문명을 배출한 토지이며, 고대 문명의 유산은 지금도 이 지역에 사는 사람들의 생활과 사상 속에 이어지고 있습니다.

또한 신으로부터 계시된 3대 종교인 유대교, 그리스도교, 이슬람교의 요람이기도 합니다. 더구나 세 개의 계시종교는 여호와라고도 부르며 알라로도 부르는 같은 유일신을 신봉하지만, 불행히도 인간의 역사적인 장난은 종교가 민족과 국가 간의 투쟁을 유발하는 불씨가 되어 왔습니다. 그리스도교도와 유대교도 간에는 2,000년간에 이르는 알력이 계속되어 왔으며 세 종교는 각각 공통의 성지인 예루살렘을 차지하기 위해 공방을 계속하여 왔습니다.

제2차 세계대전 후 팔레스타인에 이스라엘을 건설한 유대인 자신들은 신이 약속하고 성서에 기록된 민족의 땅을 회복했다고 믿으며, 그 정통성을 주장하고 조금도 양보하려고 하지 않는 현상은 이 지역에서만 볼 수 있으며 이 지역의 특수성을 말해 줍니다.

어떤 의미에서 중동의 유구한 역사는 모든 인간과 인류가 살아온 과거의 행복과 불행, 축복과 저주, 전쟁과 평화를 전형적으로 상징하는 역사입니다. 이러한 역사의 무대에 등장하는 민족과 인간의 운동은 항상 고래로부터의 문화와 종교의 전통을 배경으로 하고 있으며 이를 떠나서는 충분한 역할을 다할 수 없습니다.

이 현대사는 여러 층으로 겹겹이 이루어져 그 깊이를 헤아릴 수 없는 의미를 내포하는 역사의 거대한 블록에서 표층 일부를 잠시 보여 준 것에 불과합니다. 이 안내서가 계기가 되어 독자가 중동세계에 관심을 갖게 된다면 이 이상 기쁜 일은 없을 것입니다.

필자는 1955년부터 1957년에 걸쳐 신문사 특파원으로서 카이로를 거점으로 중동 여러 국가를 방문했습니다. 어떤 인연인지는 모르겠지만 1956년 수에즈전쟁(제2차 중동전쟁)을 이집트에서,

1967년 6일전쟁(제3차 중동전쟁)을 이스라엘에서 체험하는 기회를 얻었습니다. 1991년 걸프전쟁 당시는 이집트를 방문했습니다. 그동안에도 중동에서 발생한 여러 변화를 유럽에서 지켜보면서 틈만 있으면 현지에 가서 조사했습니다.

필자의 저널리즘과 현대사 탐구의 생활은 중동에서 시작되었다고 말할 수 있습니다. 중동의 현대사에 대해서 처음으로 『'사막에 마른땅 중동' 1944~1958(砂漠に渴いたもの 中東 1944~1958)』이라는 책을 쓴 것은 1959년의 일입니다. 중동의 원점에 돌아와 객관적으로 현대사를 완성한 지금, "나일의 물을 마신 자는 나일로 돌아온다"라는 유명한 이집트 속담에 대해 새삼 감회를 느낍니다.

이 책은 처음에 이와나미서점 출판부 다카바야시 히로코(高林寛子) 씨의 추천으로 이와나미북렛을 위해 쓰게 되었는데 좀처럼 일이 진전이 되질 않아 오랫동안 폐를 끼쳤습니다. 금번 이와나미신서로 간행되는 데 세심한 편집을 해 주신 가키하라 히로시(柿原寛) 씨에게 깊은 감사 말씀을 드립니다.

1997년 1월 파리에서 후지무라 신

차례

제2부 무명의 시대

제3부 푸른 시대

터키
지중해
키프로스
시리아
레바논
베이루트
다마스쿠
이스라엘
알렉산드리아
암만
예루살렘
카이로
요르단
리비아
이집트
나일강
홍해
수단
하르툼
에티오피아
0
500km

지도 1. 중동 1997년

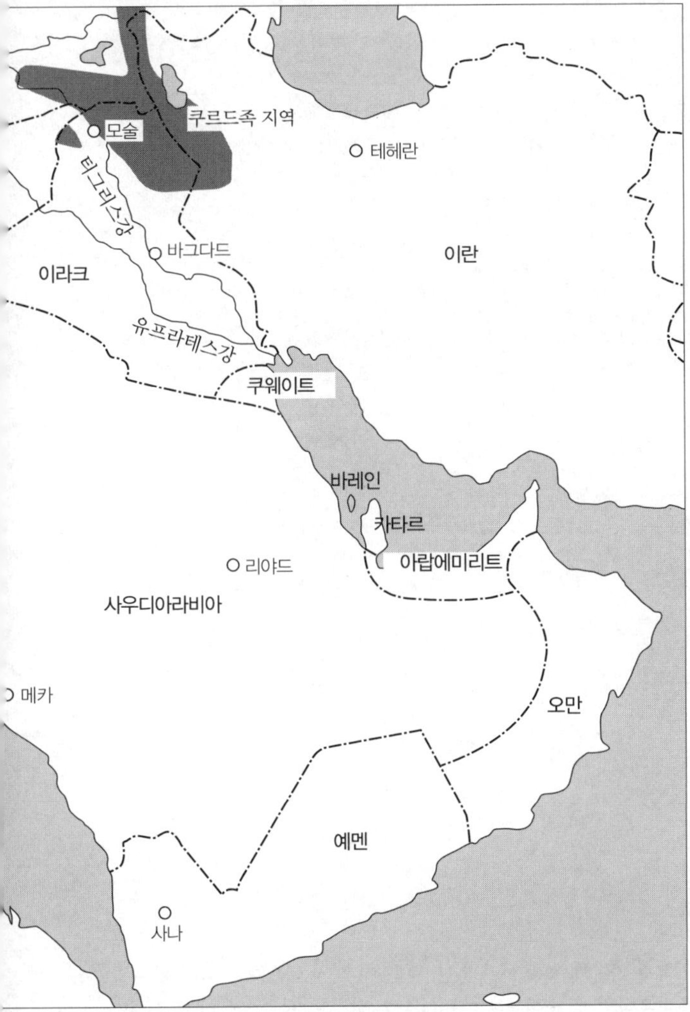

쿠르드족 지역
모술
테헤란
티그리스강
바그다드
이란
이라크
유프라테스강
쿠웨이트
바레인
카타르
아랍에미리트
리야드
사우디아라비아
메카
오만
예멘
사나

일러두기

본문 아래의 각주 가운데 ●표시가 있는 것은 이 책의 텍스트로 삼은 일본어판 원서에 지은이 주로 쓰여 있는 것 혹은 여기에 옮긴이가 좀 더 내용을 추가한 것이고, ○표시가 있는 것은 옮긴이 주이다.

제1부
영웅시(英雄詩)의 시대

1. 중동이란 단어

먼저 한 단어에 대하여 살펴보기로 한다. 중동, 미들이스트라는 단어이다.

말이란 살아 있는 것이다. 중동이라는 불분명하고 이해할 수 없는 이 단어가 마치 제2차 세계대전 후 이 지역에 닥친 비운을 예고하는 것 같은 느낌이 들기 때문이다.

유럽은 그리스도교 세계가 아닌 세계를 동방(East 또는 Orient)이라고 불렀다. 오리엔탈리즘이란 동방학(동양학) 또는 동양에 대한 관심을 말하며, 동방은 모로코에서 이집트를 거쳐 인도 · 중국 · 일본에 이르는 세계를 포함한다.

제2차 세계대전이 발발하기 전까지 오리엔트에서 패권을 잡고 있던 나라는 유럽 열강, 특히 7대양에 걸쳐 해가 지지 않는다는 대영 제국이었다.

중동이라는 단어도 영국 식민지 지배하에서 사용되면서 일반화되었다. 처음에는 일본 · 중국 · 동남아시아를 원동(遠東), 미얀마 · 인도 · 아프가니스탄 · 이란(페르시아)을 중동, 오스만투르크의 영토와 아라비아 반도를 근동(近東)이라고 불렀다. 제2차 세계대전 당시 이러한 분류는 사라지고 이집트에 둔 영국군 사령부가 중동 총사령부로 불리게 되었다.

따라서 중동은 유럽이나 아시아처럼 지리상의 호칭이 아니며, 중동에 포함되는 나라는 사람들에 따라 각양각색이다. 일반적으로 동쪽으로는 이란이나 아프가니스탄, 서쪽으로는 이집트와 수단, 북쪽으로는 터키, 남쪽으로는 아라비아 반도를 말한다. 이 책에서는 이러한 일반적인 분류에 따라 중동을 이야기하고자 한다.

중동 지도를 보면 압도적으로 아랍인 이슬람 국가가 많다. 물론 전부가 아랍인 세계는 아니다. 이란은 페르시아인의 나라, 아프가니스탄은 아프가니스탄인의 나라, 터키는 터키인의 나라, 그리고 터키 · 시리아 · 이라크 · 이란 · 구소련에 걸친 국경 산악 지대에는 쿠르드족이라는 인구 약 2,000만이 넘는 잊혀지고 소외된 민족이 살고 있으며 독립과 자치권을 주장하고 있다. 이란인, 아프가니스탄인, 터키인, 쿠르드족은 아랍인은 아니지만 이슬람 신도이다. 따라서 중동을 이슬람 문화권이라고 말해도 좋을 것이다.

그렇지만 중동을 이슬람 문화 일색으로 단정할 수는 없다. 레바논과 팔레스타인에는 아랍인 그리스도교도가 존재하며 중요한 위치를 차지하고 있다. 이집트와 이라크 북부에는 초기 그리스도교 시대부터의 오래된 그리스도교도가 있다. 코프트(Copt)라고 부르는 이집트의 그리스도교도는 이슬람에 정복되기 전부터 있었던 고대 이집트인의 후손으로, 오늘날에도 인구의 12퍼센트를 차지하고 있다. 이란에는 기원전 6세기 이래의 조로아스터 교도가 아직 남아 있다.

그리고 팔레스타인의 한가운데에 이스라엘이라는 유대인 국가가 있다. 유대인이 전후 1948~1949년 주변 아랍 국가들과 소위 팔레스타인전쟁(제1차 중동전쟁)을 일으켜 이스라엘 국가의 존재를 확립하면서 이스라엘과 아랍 세계는 영원한 전쟁 상태에 있다. 중동의 50년 전쟁이란 이스라엘과 아랍 세계의 끊임없는 대치와 전쟁 상황을 가리킨다. 유대인의 신앙인 유대교가 그리스도교나 이슬람교보다 오래된 세계 최고(最古)의 종교임은 말할 나위 없다.

아랍어와 이슬람 문화권은 중동 지역에 국한되지 않고 북아프리카의 리비아 · 튀니지 · 알제리 · 모로코 · 모리타니도 포함된다.

아무튼 중동이란 말은 확립된 개념이 아니기 때문에 다른 적절한 명칭이 없을까 고민하지 않을 수 없다. 서아시아라든가 유라시아 등 여러 가지를 생각해 보았지만 마땅한 것이 없다.

아랍인은 그들의 민족 지리를 둘로 나누어 지중해안의 아프리카 북서부를 마그레브(Maghreb)라고 부른다. 마그레브는 본디 아랍어로 '일몰, 해가 지는 곳'이라는 뜻을 가진 말로, 서쪽을 의미한다. 이집트에서 동쪽은 마슈리크(Mashriq), 즉 '해가 뜨는 곳' 이라는 뜻이다. 그리고 중동의 호칭에 대해서는 미들이스트를 아랍어로 직역하여 알샤르크 알아우사트(Al-sharq al-awssat)라고 말한다.

2. 네 개의 매듭

중동의 역사를 쓰는 일은 큰 강의 역사를 쓰는 것과 같다. 이 거대한 강은 꾸불꾸불하고 가끔 역류하기도 한다. 지류는 또다시 지류를 낳아 본류를 잊어버리게 된다. 이러한 강을 그리려면 조감도를 그려 개관할 수밖에 없다. 간결한 선으로 도식과 소묘를 그리는 수밖에 없다.

제2차 세계대전 이후의 중동사를 쓰려면 표식이 필요하다. 역사 전개의 매듭을 찾다 보면 전쟁과 혁명이 이 지역의 정치 변화의 패턴을 만들어 내고 있는 점이 눈에 띈다.

최초의 매듭은, 1945년 제2차 세계대전이 종식되고 나서 이 지역의 운명을 좌우할 팔레스타인전쟁(1948~1949)이 발발하고 이집트 혁명(1952)을 거쳐 1956년 수에즈전쟁(제2차 중동전쟁)에 이르기까지의 10년으로 한다. 이는 나세르(Gamal Abdel Nasser)가 영웅으로 등장하면서 낡은 유럽 식민지 지배가 사라진 기간이다.

두 번째 매듭은, 1958년을 전후로 나세르가 이끈 범아랍민족운동의 고조는 이라크 · 시리아 · 예멘 및 아랍 세계의 모든 왕제와 낡은 질서를 뒤집고 민족주의의 승리를 초래했지만, 1967년 6일전쟁(제3차 중동전쟁)에서 이집트가 이스라엘의 급습으로 비참한 군사적 괴멸을 당하는 10년간이다.

이는 나세르의 운동이 이룬 승리의 정점에서 굴욕적인 패배로 급전락한 10년간을 말한다. 동시에 유럽을 대신하여 미 · 소 양 대국이 중동에 들어와 냉전의 각축을 전개하기 시작한 기간이다.

세 번째 매듭은 1967~1979년 이란 혁명이 이어졌던 12년간으로, 이 매듭은 매우 복잡하다. 왜냐하면 아랍 세계의 맹주로서 이스라엘과의 전쟁에 선봉에 섰던 이집트가 소위 '보복 전쟁'(1973년 제4차 중동전쟁)으로 설욕한 후 숙적과 평화를 맺었기 때문이다. 나세르의 후계자인 사다트(Anwar al-Sadat)가 1977년에 이스라엘을 방문한 일은 기적적인 사건이었다. 그러나 경사스러운 기적은 한 번뿐이었다. 세 번째 매듭인 12년간을 덮은 것은 오히려 전쟁의 불길이었다.

레바논내전(1975)이 발발하여 동양의 민족 박물관 같은 조그만 나라가 분열된 채 지금도 이어지고 있다.

아랍 세계의 '맹주' 지위를 포기한 이집트가 이스라엘과 평화조약을 맺는 방향으로 기울어져 가는 한편 이스라엘과 정면 대결을 표방한 팔레스타인해방기구(PLO, Palestine Liberation Organization)가 팔레스타인의 아랍인을 대표하는 정통 조직으로 부상하면서 세계 정치무대에서 활동하게 되었다. 아프가니스탄에는 공산당 권력이 출현하고 이어 소련이 이 작은 산악 국가를 군사 점령하는 사태가 발생하였다.

그리고 이란에서는 호메이니(Ayatollah Ruholla Khomeini)가 주도한 이슬람 혁명이 1979년에 발생하였다. 서구화를 향해 맹진하던 왕국에서 복고 혁명이 발생하자 세계는 놀랐다. 그리고 이란 혁명은 오늘날 중동과 아프리카에서 진행 중인 이슬람의 부흥을 알리는 전초가 되었다.

네 번째 매듭은 1980년 이후 걸프전쟁에 이르는 1991년까지의 12년간이다. 점령 중인 팔레스타인의 가자와 요르단강 서안 지구에서 아랍인 주민들의 투석 저항이 1987년 말부터 시작되었다. 이것은 인티파다(intifada : 봉기)라고 부르는 저항 전략으로 승화되었다. 레바논은 내전을 거듭하면서 시리아와 이스라엘의 실질적인 지배하에 놓이게 되었다. 이 기간 중 가장 뚜렷한 현상은 전쟁이 처음으로 석유의 보고인 페르시아만에 불붙었다는 점이다. 이라크와 이란은 8년간에 걸쳐 어리석고 무모한 전쟁을 계속했다.

두 나라의 소모 전쟁이 끝나자 미국 · 소련 양 대국이 세계 도처에서 대결 양상을 보였던 얄타 체제는 막을 내리면서, 동유럽의 해방과 독일의 통일이 이루어지고 새로운 평화 질서를 위해 세계인이 고심하던 바로 그때 걸프전쟁이 발발하였다.

이는 이라크의 지도자 사담 후세인(Saddam Hussein)이 쿠웨이트를 침공하면서 세계를 상대로 벌인 전쟁이다. 물론 국지전이었지만 한편으로는 일종의 세계 전쟁의 양상을 보인 전쟁이었다. 숙적이던 미국 · 소련 양 대국이 힘을 합치고 아랍 왕국과 이스라엘이 같은 편이 되어 이라크를 적으로 삼은 전혀 새로운 도식이 성립된 점은 얄타 체제 후의 변화를 보여 주는 것이었다.

'무명(無明)'이란 원래 이슬람이 출현하기 이전의 아랍 사회를 말하는 것인데, 팔레스타인에 평화의 희미한 빛조차 비치지 않는다는 뜻이다. 이 책에서는 1967년의 6일전쟁에서 걸프전쟁에 이르는 단계를 '무명의 시대'라고 부르기로 한다.

걸프전쟁 이후 팔레스타인에는 처음으로 이스라엘과 PLO가 서로의 존재를 인정하고 평화와 합의에 도달함으로써 역사적 전환을 이루었다. 이는 희망과 불안이 교차하는 '푸른 시대'의 도래를 알리고 있다.

다섯 번째 매듭은 언제, 어디에서 묶을 수 있을지 아직은 예측하기 어렵다.

3. 일몰 전의 광경

중동은 제2차 세계대전 중에 직접적인 전쟁터가 된 적은 없었다. 독일은 수에즈 운하를 제압하고자 리비아로부터 이집트를 공격하려고 했지만 실패하였다. 독일 편을 든 이란의 왕 레자 샤(Reza Shah)는 연합국에 의해 퇴출되었고 바그다드에는 친나치스 경향의 반영 쿠데타 정권이 등장하였지만 진압되었다. 터키는 전쟁이 끝날 때까지 중립을 지켰다.

일반적으로 중동의 국가들은 제2차 세계대전 후에도 큰 변화 없이 정치 형태를 유지할 수 있었다. 터키와 시리아 및 레바논은 공화제이지만 아랍 세계의 태반은 군주제 혹은 수장 지배의 국가들이다. 팔레스타인만이 영국의 위임통치를 받았기 때문에 국가 체제를 갖추지 못했다. 팔레스타인은 지중해안에서 요르단강에 이르는 지역을 말한다. 세계의 3대 계시종교인 유대교, 그리스도교, 이슬람교의 성지 예루살렘이 성서에 쓰인 '젖과 꿀이 흐르는 땅' 팔레스타인 안에 있다는 것은 잘 알려진 사실이다.

이들 중동 국가들의 패권을 잡고 있던 나라는 영국이었다. 전쟁 초기 단계에 패배한 프랑스는 이미 미약한 존재가 되었다. 19세기부터 '인도로의 길'을 개척한 영국은 대전 후에도 중동의 패권을 독점하였다.

이집트는 독립하였으나 국내외 정치의 방향과 수에즈 운하를 장악하고 있는 것은 영국이었다. 이라크 왕국과 트랜스요르단 왕국(1922년 요르단강 동쪽에 설립한 왕국)은 영국의 정책으로 왕좌에 앉은 하심 왕가의 왕자들이 통치하는 왕국이었다. 요르단의 군대는 당시 아랍 세계에서 최강의 '아랍 군단'으로 불렸는데 그 지휘관은 영국 군인들이었다. 이란에서는 친독일 성향의 왕을 폐위시키고 젊은 왕자를 왕으로 삼았으며 그 후견인은 영국이었다. 메소포타미아와 이란에 있는 영국 석유회사는 석유뿐만 아니라 정부 관료의 임면에도 관여할 정도의 실력을 갖춘 국책회사였다.

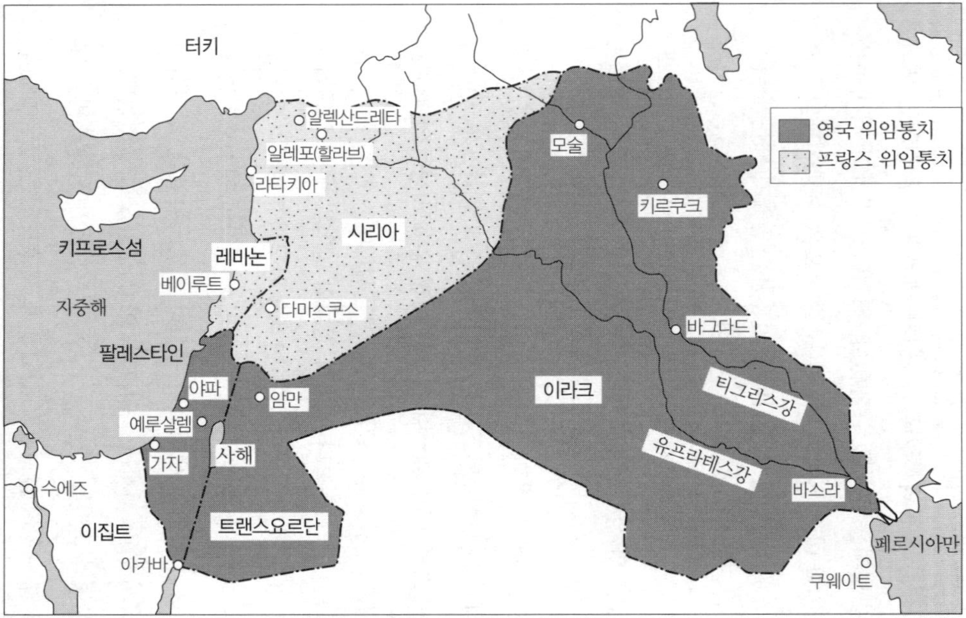

지도 2. 영국과 프랑스의 위임통치(1920)

주 1. 알렉산드레타 지방은 1939년 터키에 위양되었다.
2. 트랜스요르단은 1921년 독립 왕국이 되었다.

지도 3. 제2차 세계대전 후의 중동(1945)

페르시아만에서는 쿠웨이트에서 오만에 이르기까지 가난한 수장과 토호들은 모두 영국의 보호하에 놓여 있었으며 영국은 이 미개지에 '이방인'이 나타나는 것을 허락하지 않았다. 1960년대 초부터 휴전 해안 또는 해적 해안으로 불리던 이 일대는 티베트에 버금가는 비경이었다.

따라서 1944년 10월 유럽의 전시 상황이 소강 국면에 접어들 무렵, 이집트 주도로 아랍연맹(Arab League)이 창설된 것도 영국의 중동 전략과 무관하지 않다. 아랍 국가들이 통합과 교류의 이념을 내걸고 연맹을 만든 것은 획기적인 일로서, 이집트 · 이라크 · 트랜스요르단 · 사우디아라비아 · 예멘 · 시리아 · 레바논 등 7개국이 최초의 창립 멤버이다.

영국은 아랍 세계의 패권을 영구화하기 위해 하심 왕가에 의한 아랍 통일 국가의 창립이라는 오래된 구상을 실행하고 있었다. 이라크와 요르단은 이미 하심 왕가의 영토였기 때문에 그곳에서 출발하여 하심 왕가의 판도를 시리아와 팔레스타인까지 넓히려고 하였다. 아랍연맹을 하심 왕가에 의한 아랍 통일 국가의 출발점으로 이용하고자 한 것이다.

이러한 하심 왕가의 통일 국가 구상에 이집트와 사우디아라비아의 국왕들은 반발하였다. 이집트의 파루크(Faruk) 국왕은 아랍연맹의 본부를 바그다드에 두려는 공작에 맞서 카이로를 주장했다. 사우드 왕가 왕국의 사우드 왕은 이전부터 하심 왕가의 숙적이었으므로 하심 왕가의 융성을 반기지 않았다. 이슬람의 엄격한 청교도주의인 와하브파(Wahhabis)의 수장 이븐 사우드(Ibn Saud)가 1924년 아라비아 반도 내륙에서 나와 메카(Mecca)의 수문장이자 무함마드(마호메트)의 자손으로 알려진 하심가(Hashim)의 수장 후세인(Hussein)을 쫓아내고 메카와 메디나(Medina)의 성지를 왕국의 영토로 편입한 후부터 두 왕가는 숙적 관계에 있었다. 사우드 왕이 이집트 국왕을 자기편으로 끌어들임으로써 아랍연맹은 카이로에 본거지를 두게 되었다.●

● 오늘날 아랍연맹은 팔레스타인 자치 정부를 포함해 22개 가입국을 거느리고 있으며, 아랍어가 주요 국어이고 이슬람교가 주요 종교라는 공통점이 있다. 가입국은 모리타니 · 모로코 · 알제리 · 튀니지 · 리비아 · 이집트 · 수단 · 시리아 · 레바논 · 요

4. 팔레스타인전쟁

중동에 대한 영국의 패권은 장대하지만 일몰 직전의 강렬한 빛에 지나지 않음이 분명해졌다. 대영 제국의 파산은 이미 인도와 그리스내전에서 나타났다. 중동에서는 영국의 위임통치하에 있던 팔레스타인이 수렁으로 변해 가는 양상을 보이기 시작했다.

팔레스타인에서의 영국, 아랍인, 유대인의 3파전은 이미 1920년대부터 시작되었다. 그 연원은 영국에 의한 분할 지배 정책의 파탄에서 비롯되었다.

제1차 세계대전 중인 1917년 11월 로이드 조지(Lloyd George) 내각의 외무장관 밸푸어(Arthur James Balfour)의 이름으로 발표한 밸푸어 선언은, 영국은 팔레스타인에 있는 유대인 민족국가 수립에 찬성하고 그 목적 달성을 위하여 최선의 노력을 다한다는 내용이었다. 그리고 "팔레스타인에 존재하는 비유대인 사회의 시민적 · 종교적 권리, 또는 다른 나라에서 유대인이 향유하는 권리와 정치적 지위를 해치는 어떠한 행위도 하지 않는다는 명백한 이해를 조건으로 한다"라는 단서 조항이 달려 있었다.

이 시점에 영국은 이미 오스만투르크제국으로부터 팔레스타인 지배권을 빼앗았다. 그 팔레스타인에 러시아와 폴란드에서 박해

르단 · 이라크 · 사우디아라비아 · 예멘 · 쿠웨이트 · 바레인 · 카타르 · 아랍에미리트 · 오만 · 지부티 · 소말리아 · 코모로 · 팔레스타인 자치 정부이다.

와 학살의 고난을 겪고 있는 유대인의 이주를 인정하고 민족국가를 만들자는 취지였다.

유대인 사이에는 19세기 후반부터 2,000년간의 방랑 끝에 민족의 발원지이자 그들의 성서에 기록된 '약속의 땅'인 팔레스타인에 이주하여 그곳에 유대인 국가를 세우려는 이상과 운동이 있었다. 이를 시오니즘이라고 한다. 시온은 예루살렘의 언덕 이름이며 시오니즘은 예루살렘의 언덕으로 오른다는, 즉 팔레스타인으로 이주한다는 의미이다. 이주는 알리야°라고 부르며 이주자는 올림°이라고 한다.

밸푸어 선언은 영국의 대표적 시오니즘 운동가인 바이츠만(Chaim Azriel Weizmann) 박사의 화학 폭발물질 발견을 기리기 위한 것이었다고 전해지는데, 이는 동시에 인도 진출에 있어 가장 중요한 수에즈 운하의 지배권을 확고하게 하기 위한 것이었다.

당시의 팔레스타인에는 '약속의 땅'을 꿈꾸어 온 5만 명 정도의 유대인이 살고 있었는데, 그들 대부분은 러시아에서 건너와 공동으로 농민 생활을 하고 있던 이상주의자 및 사회주의자였다. 소위 이상주의적 시오니즘의 단계였다.

밸푸어 선언은 유대인 이민자의 급격한 유입과 정치적 시오니

° '오르다'라는 의미의 헤브라이어. 예루살렘에 오르는 것을 가리키는 말로 사용되었으나 유대인의 이스라엘 이주를 가리키는 말이 되었다.
° 남성 이주자 올레와 여성 이주자 올라를 아우르는 말.

즘을 초래했다. 유대인기관(Jewish Agency)이 대표하는 정치 시오니즘의 지도자들은 선언문의 '팔레스타인에서의 민족국가 수립'의 문구를 바꿔 "팔레스타인을 유대인의 민족국가로 만들자"라는 방향으로 목표를 세워 팔레스타인에서 적극적인 활동을 전개하였다.

그런데 영국이 유대인에게 준 선언은 일구이언의 약속이었다. 왜냐하면 영국은 밸푸어 선언이 발표되기 2년 전인 1915년, 예언자의 후예이자 하심가의 수장인 후세인을 움직여 오스만투르크에 대한 아랍의 반란을 유도하기 위하여 비밀리에 또 다른 약속을 했기 때문이다.

이 약속은, 아랍의 가장 고귀한 가문의 수장이 영국과 같은 편이 되어 아랍군을 이끌고 반란에 성공한다면 광대한 아랍 독립왕국의 왕좌를 얻게 해 준다는 것이었다. 이 아랍 왕국이란 오늘날의 레바논 일대를 제외한(이곳은 예부터 그리스도교도가 살고 있었고 프랑스의 영향력이 강한 지역이었다) 오늘날의 아라비아 반도 · 이라크 · 시리아 · 요르단 · 팔레스타인을 포함하는 대왕국이다. 이 아랍의 반란은 고고학자에서 반란의 지휘자가 된 로맨틱한 영웅 이야기 「아라비아의 로렌스」를 통해 잘 알려져 있다.

사실 영국의 약속은 일구이언에서 나아가 일구삼언이었다. 영국은 1916년 프랑스 · 러시아와 합의하여 전후 터키의 판도를 가르는 세력권 분할에 관한 비밀 협정을 맺었다. 이 비밀문서는 러시아에 혁명이 일어나 혁명 정부가 폭로함으로써 큰 파장을 불러일으키는데, 협정에 참가한 영국 · 프랑스 대표의 이름을 따 일반적으로 사이크스 · 피코협정이라고 한다. 영국은 두 명의 배우자와 약혼을 하였지만 실천한 것은 제3의 약속, 즉 중동에서의 영국 · 프랑스 세력권 분할이었다.

밸푸어 선언은 "비유대인 사회의 시민 권리를 침해하지 않는다"라는 조건을 붙였지만 이 조건은 공공연하게 무시되었다. 여기서 비유대인이란 팔레스타인에 이전부터 살고 있던 아랍인을 말한다.

러시아와 폴란드에서 박해와 고난을 피해 팔레스타인으로 옮겨 온 유대인들은 서구의 유대인 자본의 원조로 정착하게 되자, 터키 및 아랍인 등의 부재지주(不在地主)로부터 토지를 매입하여 소유지를 늘리고 집단생활 캠프를 조직하며 개척에 힘을 기울이게 되었다. 행동적인 신이민의 유입은 깊은 잠을 자고 있던 아랍의 농민사회를 뒤흔들었다. 1920년대 팔레스타인 인구의 93퍼센트는 아랍인이었으며 그 대부분은 봉건사회의 질서하에 살고 있던 농민이다.

영국 위임통치하의 팔레스타인은 1920년대 후반부터 아랍인과 유대인 이민 간의 충돌이 극심해졌다. 영국은 때로는 아랍인 편을 때로는 유대인 편을 들었지만, 히틀러(Adolf Hitler)가 등장한 1930년대에 들어서면서 더 이상 이러한 애매모호한 태도를 취하지 못하게 되었다. 유대인 이민의 유입을 제한하고 유대인의 토지매입을 엄격히 금지하며 아랍 주민의 고충을 들어주어야 했다.

무엇보다도 인도에 이르는 길은 아랍 세계를 통과해야만 하므로 아랍인의 고충과 비난에 귀를 기울여야 했다. 유대인이 유럽에서 박해를 받고 있던 6년간의 세계대전 기간 동안 팔레스타인의 문은 그들에게 굳게 닫혀 있었다.

전쟁이 끝난 후에도 팔레스타인 사회의 위태로운 균형을 지키기 위하여 영국의 폐쇄정책은 변하지 않았다. 이민의 유입에 대한 탄압을 강행하는 영국군 병사와 시설을 목표로 하는 유대인기관의 저항과 테러가 전개되었다. 특히 영국군 사령부가 있는 예루살렘의 킹 데이비드 호텔 폭파 사건은 가장 큰 테러였으며, 폭파를 지휘한 사람이 후에 이스라엘 우익정권의 대표가 된 메나헴 베긴(Menachem Begin)이었다.

유대인 무장조직은 영국군과 적이 되었으며 아랍 농촌과 농민에게 위협과 무력을 행사하였다. 예루살렘 부근의 데이르 야신(Deir Yassin) 마을의 아랍 주민 학살 사건은 유명하다. 누구도 이러한 혼란을 수습할 수 없는 무정부 상태는 2,000년 전의 유대인 이산(離散)과 비교될 정도의 아랍 난민을 속출시켰다. 유대인기관의 대다수 지도자들은 아랍 난민의 속출은 미래의 이스라엘이 당면할 어려운 과제를 자연스럽게 해결한다고 속으로 기뻐했다.

이때부터 팔레스타인 유대인의 가장 유력한 지지자로 영국을 대신하여 미국의 시오니스트들이 부상하였다. 그들은 유대인기관에 자금을 보내고 미국 정부와 의회의 결정을 좌지우지하는 강력한 로비를 조직하였다.

영국은 자신들의 무력함을 깨닫고 위임통치뿐만 아니라 팔레스타인 자체를 포기하기로 하였다. 1947년 2월 영국은 팔레스타인 문제의 처리를 유엔에 맡겼고 3월에는 영국이 동지중해의 패권을 미국에게 양보했으며, 마침내 트루먼(Harry Truman) 대통령이 "공산주의 침투로부터 그리스와 터키를 지킨다"라는 냉전 개시 선언을 했다.

유엔은 팔레스타인 문제의 해결을 위해 특별위원회를 설치하여 그 권고안을 1947년 11월 29일 총회의 표결에 부치기로 하였다. 권고안은 팔레스타인을 분할하여 아랍인과 유대인의 두 국가를 창설하고 성지 예루살렘을 국제 관리하에 둔다는 내용이었다.

아랍 국가들은 팔레스타인을 두 개의 나라로 분할하는 것에 반대하였다. 그러나 유대인은 어쨌든 유대 국가가 국제적인 승인을 얻게 되는 것인 만큼 찬성하였다. 표결이 다가오면서 이러한 부자연스러운 팔레스타인 분할안이 통과될 리 없다는 관측이 압도적이었다.

아마 이것은 유엔 역사상 최초의 불가사의한 사건일 것이다. 표결 하루 전까지 반대를 표명하던 여러 소국들이 찬성으로 돌아서면서 찬성 33표, 반대 13표, 기권 10표로 팔레스타인 분할안은 가결되었다. 투표 전날까지 분할 반대를 표명했던 12개의 중소국가 대표들이 돌변하여 찬성하게 되었다는 이야기가 있다. 그 당시 유엔 본부는 뉴욕 교외의 레이크석세스에 있었기 때문에 '레이크석세스의 기적'이라고도 전해지는 이 일은 중동의 미래를 좌우하는 중대한 기적이 되었다. 여러 중소 국가들이 찬성하게 된 배경에는 미국 의회에서 대통령의 결정에 영향을 미치는 유대인 로비스트의 활약 때문이라는 뒷이야기가 있다.

1948년 5월 14일 '독립 선언'을 낭독하는 벤구리온 수상

이미 험악한 관계에 있던 미국과 소련 두 나라는 분할에 찬성하였지만, 유대인들이 활발한 활동을 하고 있던 뉴욕 이외의 지역에서 표결이 이루어졌다면 결과가 달랐을지 모른다. 분할 결정은 팔레스타인 지역의 양 민족 간의 대립뿐만 아니라 아랍 세계와 시오니즘 간의 알력을 한층 악화시켰고, 영국 지배는 최후를 맞았다. 나중 일은 어찌 되든 1948년 5월 14일 영국군이 팔레스타인에서 물러난 마지막 날의 광경이다.

유대인 정치조직인 유대인기관을 대표하여 투쟁을 지도했던 벤구리온(David Ben-Grurion)이 이날 텔아비브의 박물관에서 이스라엘 국가의 탄생을 선언하였다. 정치 시오니즘의 창시자 중에는 걸출한 인물이 많았지만 벤구리온이 제1인자로서 새로운 국가의 수상으로 선출되었다. 그리고 거의 동시에 팔레스타인을 둘러싸고 있던 아랍국들의 군대는 분산형태이기는 하지만 물밀듯이 팔레스타인으로 진격해 왔다. 팔레스타인전쟁(제1차 중동전쟁)은

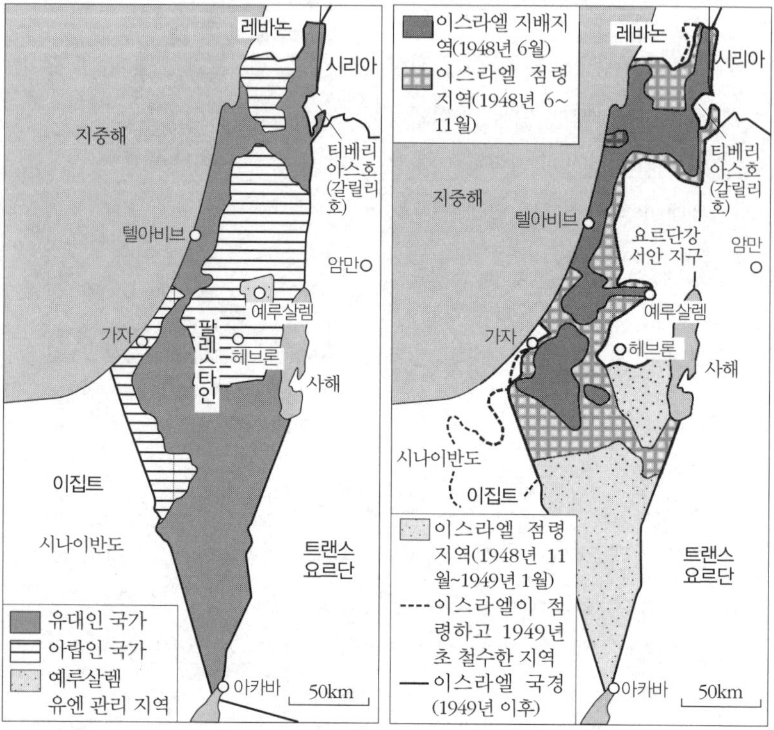

지도 4. 유엔의 팔레스타인 분할안(1947, 오른쪽)과 팔레스타인전쟁 후(1949, 왼쪽)

이렇게 시작되었다.

이스라엘은 미 · 소로부터 승인을 받았지만 그 존명(存命)을 의심하지 않을 수 없었다. 유엔은 처음 당면하는 국제분쟁에 어떻게 대처하면 좋을지 당황하였으며 조정관을 현지에 파견한다는 자신 없는 결정을 내리고 해산하였다.

아랍국들의 군사력은 차치하더라도, 아직 체계도 갖추지 못하고 정규군도 없는 '국가'는 곧 짓밟혀 사산의 운명을 피하지 못할 것이라고 예상되었다. 전쟁은 두 번의 정전을 거치며 1948년 5월부터 다음 해 초까지 계속되었고 정전 중에 유엔조정관 베르나도테(Folke Bernadotte) 백작이 예루살렘에서 유대인 무장단에게 암살되는 사건이 있었다.●

결국 사산을 선고받으면서도 배수의 진을 치고 싸운 유대인 국가에게 구원의 손길이 뻗치게 되었다. 먼저 구세주는 아랍국 진영의 분열이었다. 아랍 세계의 정예를 자랑하는 이집트와 트랜스요르단 군대는 분열된 채 싸웠으며 국왕들은 에고이즘을 노골적으로 드러내며 국익 챙기기에 바쁜 상황에서 '성전'의 의미를 찾

● 폴케 베르나도테(스웨덴)를 암살한 것은 슈테른(Stern, 유대인조국전선)이라는 테러조직이다. 암살의 원인은 베르나도테가 1948년 6월 27일 유엔에 제출한 평화안에 있다. 그는 여기서 팔레스타인 안에 아랍 · 이스라엘 연방(트랜스요르단 포함)을 창설할 것을 제안했다. 또한 예루살렘과 네게브는 아랍 지역에, 갈릴리 지방은 유대 지역에 귀속시킨다는 것이다. 베르나도테안은 아랍과 이스라엘 양쪽 모두에게 거부당했는데, 특히 유대인은 예루살렘을 아랍 지역에 둔다는 구상에 분노했다. 이에 베르나도테는 1947년 유엔 분할안으로 돌아가 예루살렘을 유엔 관리하에 둔다는 수정안을 9월 16일 발표했으며, 암살은 다음 날 예루살렘에서 발생했다. 당시 슈테른의 지도부는 세 사람으로 구성되어 있었는데 그중 한 사람이 후에 이스라엘의 수상이 된 이차크 샤미르○이다.

○ Yitzhak Shamir, 1915~. 이스라엘의 정치가. 폴란드에서 태어나 대학 졸업 후 1935년 팔레스타인으로 이주했다. 1937년 유대인 군사조직에 참여하여 반영 독립 투쟁을 전개하다 프랑스에 망명, 1948년 이스라엘 건국과 동시에 귀국했다. 이후 총리를 세 차례 지냈다.

을 수 없었다. 유대인 비정규군은 정전을 이용하여 체코제 무기로 무장하여 1948년 가을에는 승리를 거두었다. 이스라엘은 그 다음 해에 교전 중인 아랍국들(이라크 제외)과 일련의 휴전협정을 맺음으로써 유엔 분할안에 정해진 것보다 넓은 토지를 확보하고 독립과 유엔 가입을 실현하였다.

팔레스타인전쟁은 두 개의 경향을 분명히 보여 주었다. 하나는 아랍 왕국들의 부패는 더할 나위 없이 진전되어 이러한 구질서 하에서는 어떠한 근대화 개혁도 불가능하다는 점이고, 또 하나는 이스라엘은 탄생 순간부터 군사 국가로 출발하여 국가의 모든 체제가 군사를 국시로 하여 성장하게 되었다는 점이다.●

5. 이란의 석유 국유화 분쟁

영국의 쇠퇴는 1951~1953년 여름에 걸친 이란 석유 국유화 사건으로 한층 현저해졌다. 이란의 패배로 끝난 이 분쟁은 제3세계에 혁명적인 교훈을 남긴 사건이었다. 지금까지 신성불가침으로

● 팔레스타인전쟁 발발 직전인 1948년 초 팔레스타인 거주 아랍인은 약 130만 명, 유대인은 66만 명이었다. 유대인은 팔레스타인 토지의 불과 5~6퍼센트를 소유하고 있었다. 1949년의 유엔 보고서는 전쟁에 의해 팔레스타인으로부터 유출된 난민의 수를 70만~90만 명으로 보고 있는데, 아랍인의 70퍼센트에 해당하는 숫자이다. 이스라엘에 머문 아랍인은 소수 민족으로서 이스라엘 시민권이 주어져 현재는 약 70만 명(인구의 15퍼센트)을 헤아린다.

여겼던 거대한 유럽 식민지주의 자산은 전능의 기관이 아니라 국유화할 수 있으며, 국유화하더라도 유럽은 과거처럼 무력으로 해결할 능력이 없다는 가르침이었다. 이란의 석유 분쟁은 3년 후 이집트 수에즈 운하 국유화의 전초가 되었다.

제2차 세계대전 기간 중 이란은 영국과 소련군에 의해 남북으로 양분되었다. 수도 테헤란을 중립지대로 두고 소련이 북쪽 5주를, 영국이 남쪽을 관리했다. 이란이 연합국의 소련 원조 루트로 전략적인 위치를 차지하고 있었기 때문이다.

전쟁이 끝나고 영국군은 철수했지만 스탈린은 철수에 응하지 않았을 뿐만 아니라 소련의 관리지역 내에 공산당 세력을 강화하고 아제르바이잔 및 쿠르드 지역에 두 개의 좌익정권을 세워 테헤란에 압력을 가한 이유는 전쟁으로 인한 경제생활 피폐로 석유를 갈망하고 있었기 때문이다. 소련은 북부 이란의 석유 개발사업을 공동으로 할 것을 이란에 강요했다.

이란 국민회의 내에서 스탈린의 강요를 거절하고 석유자원은 이란 자신의 힘으로 개발해야 한다고 주장한 정치지도자는 민족주의 그룹을 이끄는 귀족 출신의 모사데크° 박사였다. 모사데크는 손꼽히는 대지주였는데 팔레비 왕가의 찬탈에 반감을 품은 전

○ Mohammad Mossadeq, 1880~1967. 이란의 정치가. 스위스 로잔대학에서 법학 박사학위를 받고 귀국한 후 하원의원, 법무장관, 재무장관, 외무장관 등을 지냈다. 민족주의적 경향 때문에 투옥되기도 했으며 1951년 총리가 되어 영국·이란 석유회사 현재의 브리튼석유회사의 국유화를 단행했다.

(前) 왕조의 관료였다.

스탈린이 석유 개발의 야심을 포기하여 군대를 철수시키고 두 괴뢰정권의 붕괴를 방관한 채 이란에서 철수한 후, 이 왕국을 지배하게 된 것은 젊은 왕도 귀족도 아닌 왕과 귀족을 조정하는 앵글로 · 이라니언 석유회사(AIOC, Anglo-Iranian Oil Co.)였다.

이란에서 검은 황금이 분출한 것은 1908년의 일이며 중동 최초의 석유 발견이었다. 이를 계기로 영국 정부가 설립한 국책회사는 이란의 경제와 정치를 좌우하는 존재가 되었다. 친독일파였던 레자 왕을 폐위하고 그 아들인 모하마드 레자 팔라비(Pahlavi)를 왕으로 삼고 남부 석유전 일대 대부족의 수장 딸을 왕비로 내세운 것도 AIOC였다. 메소포타미아에 있는 영국 자본의 석유회사와 연계하여 중동에 군림한 이 석유회사는 이익금의 주식배당을 이란 정부보다는 영국 해군성에 훨씬 많이 지불하고 있던 국책회사였다.

석유에서 나오는 이익을 하늘이 내려주는 것으로 믿었던 식민지 회사는 1950년 중동의 석유 경영에 뒤늦게 참여한 미국계 석유회사가 사우드 왕과 사우디아라비아에서 나오는 석유 이익의 절반 협정을 맺을 당시에 현명한 대처를 하지 못했다.•

● 20세기 초 이란에서 석유가 발견된 후 제2차 세계대전에 이르기까지 극히 일부 프랑스의 참여를 제외하고 중동 전역에서의 석유 산업을 거의 독점하고 있던 것은 영국 자본으로, 앵글로 · 이라니안회사도 이라크 석유회사도 국책회사였다. 그들은 오스만투르크 제국 옛 영토 내에서의 석유 개발 · 경영 · 생산고와 이익 분배

불공정한 이권을 독점하고 내정개입을 일삼는 석유회사의 횡포에 대하여 불만의 소리가 높아지고 석유의 국유화를 요구하는 내셔널리즘이 고조되었다. 이슬람 성직자와 공산당도 이에 가담하면서 조류에 거역하는 자는 생명이 위태로운 긴장감이 이란의 정치무대를 휩쓸었다.

석유의 국유화에 반대한 군인 총리가 암살되었고 왕이 자객에게 습격당하는 사태가 발생하였다. 이러한 흐름은 과거 스탈린의 압력에 저항하며 국유화를 주장해 왔던 모사데크를 정부 수반으로 등장시켰다.

AIOC는 조업을 중단하고 계엄령이 선포되었으며 석유가 이란인의 손에 넘겨지자, 영국은 국제재판소에 국유화 문제를 제소했다. 페르시아만에 해군을 출동시키고 이란이 석유를 마음대로 팔

의 결정권을 독차지하며, 카르텔의 적선협정(赤線協定)을 맺고 외부, 특히 미국 석유 자본의 유입을 견제했다. 적선이란 영국의 석유자본이 터키 옛 영토의 지도에 그들의 지배권을 빨간 선으로 그은 것에서 유래한다. 1930년대 터키 옛 영토 밖 바하렌섬에 이어 사우디아라비아에서 석유가 발견되자, 이 지역의 개발권을 획득하고 있던 미국 석유회사는 영국의 유력한 경쟁자로 등장한다. 제2차 세계대전 후 미국과 영국의 석유 자본은 소련 이외의 세계에서 석유의 생산과 시장을 지배하며 때로는 협조하고 때로는 경쟁하면서 중동에 매장된 석유에도 그들의 영향력을 미치려고 애썼다. 1950년 미국 자본의 아라비안 · 아메리칸석유(ARAMCO, Arabian-American Oil Co.)가 사우디아라비아와 이익절반협정을 맺은 것도 그러한 자본 획득 전쟁의 하나이며, 이 협정은 영국 석유 자본이 이란과 메소포타미아에서 실시해 온 산유국에서의 관행, 이권의 결정과 지배의 자의적 방법에 커다란 충격을 주었다. 중동에서의 석유 경영을 영국만의 영역으로 삼아 온 시대의 전통적인 룰은 이 협정에 의해 전복되었다.

지 못하도록 봉쇄와 위협을 하였다. 유엔도 국제재판소도 국유화 문제를 심리할 권한이 없는 영국의 제소를 기각함으로써 모사데크는 승리를 거두었다.

그러나 AIOC의 저력은 만만치 않았다. 영국 회사는 지금까지 경쟁 상대였던 미국 · 프랑스의 석유회사와 협력하여 이란을 쓰러뜨리기 위한 카르텔을 형성하였다. 카르텔은 페르시아만 아랍국들의 석유 개발과 생산을 급속히 확대하여 이란의 석유를 세계 시장에서 배제하는 전략을 세웠다.

전쟁이 거의 2년간 계속되면서 모사데크가 선봉에 선 내셔널리즘은 분열의 징조를 보이기 시작했다. 모사데크 정권의 기반이 약해질수록 노귀족은 독재적 권한을 휘두를 수밖에 없는 상황에 몰려 지지자들은 떨어져 나갔으며, 마지막으로 남은 지지층은 공산당과 시장의 상인 세력뿐이었다. 이슬람 성직자는 좌경화된 모사데크를 버렸으며 그중에는 미국중앙정보부(CIA)로부터 돈을 받고 시장에서 모사데크를 중상하는 설교를 하고 소문을 퍼뜨리는 상황까지 벌어졌다. 공산당은 모사데크의 독재를 빌미로 공화국 수립을 비밀리에 준비하였다.

1953년 8월 왕에게 충성을 맹세한 자헤디(Fazlollah Zahedi) 장군의 쿠데타로 모사데크 정권은 무너지는데, 이는 영미 석유 자본과 미국중앙정보부 그리고 이란 군부에 의해 준비되고 연출된 연극과도 같은 것이었다. 해외로 도피해 있던 왕은 귀국하였고 석유 자본은 예전의 위치로 돌아왔다.

그러나 여기서도 영국 식민지주의의 기둥이던 AIOC는 패권을 잃고 말았다. 세계 석유시장을 안정시키기 위하여 7대 석유회사로 이루어진 국제합병회사가 탄생하여 왕위로 복귀한 왕과 협정을 맺고 이란의 석유 생산과 시장을 컨트롤하게 된다. AIOC는 다수 중 하나에 불과하게 된 것이다.

왕과 석유 카르텔을 상대로 싸운 모사데크는 재판정에 세워져 사형선고를 받았지만 왕의 자비로 금고 3년형으로 감형되었다. 군인 재판장은 '타고난 반역 어릿광대'라며 피고석의 모사데크를 비웃었다. 그러나 모사데크는 중동에서 최초로 과감하게 식민지 권익에 저항했고, 그것이 영원한 존재가 될 수 없음을 세상에 알리는 데 공헌한 주역이었다.

6. 이집트 혁명 수에즈전쟁

1952년 7월 23일에 발생한 이집트 혁명은 혁명의 주역인 나세르가 회상록에 쓴 것처럼 팔레스타인의 참호 속에서 탄생했다. 예루살렘 방면의 전투에서 나세르가 지휘하는 연대는 사령부로부터 버려져 적에게 포위된 채 총알도 나오지 않는 조잡한 소총으로 싸우다가 간신히 탈출했다. 나세르는 이집트의 진정한 적은 이스라엘이 아니라 부패한 체제라는 것을 깨달았다.

나세르는 팔레스타인전쟁이 끝나자 사관학교 시절 동료들과 함께 청년 장교로 구성된 자유장교단을 조직했고, 이 청년 장교들이 혁명의 주역이 되었다. 혁명은 연장자인 나기브(Muhammad Naguib)의 이름하에 선언되었지만, 혁명의 실질적 지도자는 나기브 옆에서 항상 미소를 띤 얼굴에 고지식해 보이는 장신의 육군 중령 나세르였다.

군사 쿠데타로 출발한 이집트 혁명은 중동 최초의 사회혁명이다. 팔레스타인의 굴욕이 이집트에 사회혁명을 불러일으킨 것은 이집트 군인이 전쟁을 가장 진지하게 겪으며 쓴맛을 보았기 때문이다. 이집트는 세계의 십자로가 만나는 접점에 있으므로 혁명은 이 나라를 아랍 세계의 민족운동에 앞장서게 했다.

이집트는 국왕과 귀족, 대지주를 비롯하여 왕궁과 영국 지배에 맞서는 유서 깊은 반대당까지 부패한 상태였다. 반영 국민운동으로 출발한 와프드당(Wafd Party)°은 구질서에 영합하는 부르주아 당으로 전락해 버렸다. 파루크 왕은 쇠퇴한 와프드당을 기용하여 패전의 위기를 벗어나려고 하였으나, 수에즈 주둔 영국군에 대한 와프드당 정부의 무책임한 도전은 무력감을 보여 주기만 했다. 혁명은 정치적 공백 상태에서 성공하는 것이다. 19세기 초에 오스만투르크 제국의 군 사령관으로서 이집트에 와 이 땅의 지도자가 된 무하마드 알리의 왕조는 파루크 왕의 망명과 함께 소멸하였다.

○ 이집트 최초의 근대적 민족주의 정당. 제1차 세계대전 후 1918년 파샤가 중심이 되어 결성한 정당으로 '대표단'이라는 뜻이다. 1953년 1월 나기브, 나세르의 혁명 정권에 의해 다른 정당과 함께 해산되었다.

어떤 혁명에서나 나타나는 현상이지만 혁명 장교 간에는 개혁을 점진적으로 진행하려는 나기브의 온건파와 급진적으로 개혁하려는 나세르의 급진파의 대립이 발생하여 나기브는 정치권력에서 배제되었다. 나세르는 1954년 10월 수에즈 운하를 장악해 온 영국군에게 20개월 안으로 철수한다는 약속을 얻어 냈다.

서방 측은 처음에는 이 이집트의 혁명 군인을 적당히 처리할 수 있는 철없는 젊은이로 생각했다. 미국은 나세르가 꿈꾸고 있던 아스완하이댐 건설의 차관에 응함으로써 자기편으로 끌어들이려고 했다. 영국군은 운하에서 철수했다.

그런데 나세르가 선택한 방향은 서방도 소련도 아닌 중립 비동맹의 길이었다. 그는 1955년에 인도네시아 반둥에서 열린 최초의 비동맹국 정상회의에서 네루, 티토, 수카르노와 함께 영웅으로 환대를 받았으며 중국을 대표한 주은래와 우정을 돈독히 했다.

같은 무렵 영국은 소련에 대항할 방어막을 아랍 세계에 구축하기 위하여 이라크 왕국의 수도 바그다드에 본부를 둔 소위 바그다드 조약 군사동맹의 구상을 내세우며 이집트를 유혹했지만 나세르는 거절했다. 나아가 오로지 이스라엘에 무기와 원조를 제공하는 미국에 실망하여 1955년 가을 소련으로부터 2억 달러의 무기를 유리한 조건으로 구입한다는 과감한 선택을 하였다. 서방으로서는 아닌 밤에 홍두깨 격이었다. 한술 더 떠 나세르는 중국과 외교관계를 수립함으로써 세계를 놀라게 했다.

이는 당시 소련에 대하여 엄중한 봉쇄정책을 취하고 있던 서방

측으로서는 아랍 세계에 공산주의의 마수를 끌어들이는 것이나 마찬가지로 보였다. 미국은 즉시 아스완하이댐의 건설 차관 약속을 취소하였다. 이에 대한 나세르의 반격은 강경하였다. 운하의 지배권 및 운항권은 이집트의 것이라고 선언하고 운하의 운영으로 나온 이익금으로 아스완하이댐을 건설한다고 호언했다.

수에즈 운하는 1869년에 개통된 후 운영 이익의 대부분을 운하회사가 가져가 영국 · 프랑스 양국의 주주들에게 분배되었으며 이집트에는 미미한 이익금만이 분배되었다. 나세르의 도전은 이집트를 곤란에 빠뜨리기 위하여 댐 융자를 거절한 미국보다 중동에 군림한 유럽의 두 열강인 영국 · 프랑스 양국에 치명타를 주는 결과가 되었다. 만국운하회사는 영국 · 프랑스 양국이 경영하는 최후의 유산이었고 운하는 양국이 페르시아만에서 석유를 나르는 수송로였기 때문에 운하회사의 상실은 유럽 식민지주의의 마지막 보루가 무너졌음을 의미했다. 영국과 프랑스의 정치지도자들은 나세르를 '히틀러의 부활'이라고 부르면서 제3세계의 지도자가 처음으로 유럽 열강에게 내민 결투의 도전장을 결코 용서하지 않겠다고 맹세하였다.

국제 석유 카르텔이 결속하여 이란의 석유를 국제화한 것처럼 두 나라는 수에즈 운하의 '국제화'라는 제안을 내걸고 유화정책을 취하면서 비밀리에 군사개입을 준비했다. 영국 · 프랑스 양국은 이집트 단독으로는 운하를 운영할 수 없을 것이라고 얕보고 있었으나 이 예상이 깨끗이 빗나가자, 이스라엘을 끌어들여 운하의 탈환을 기도했다. 당시 이스라엘 지도자는 팔레스타인전쟁 시와 마찬가지로 벤구리온이었다.

먼저 1956년 10월 29일 이스라엘군이 운하를 향해 진격을 개시하였고 영국 · 프랑스 양군은 쌍방을 중재한다는 명목으로 운하 일대를 점령하는 치밀한 작전을 전개했다.

나세르가 소련으로부터 받은 무기는 이러한 침략으로부터 이집트를 지킬 수 있을 규모는 아니었지만 군대와 민중은 그들의 지도자를 저버리지 않았다. 그리고 소련뿐만 아니라 미국까지 영국 · 프랑스의 공격을 비난하고 정전을 촉구하면서 사태 해결을 유엔에 맡김으로써 나세르는 정치적인 승리를 거두었다.

미국이 영국 · 프랑스 양국의 폭거에 가담하지 않은 데는 여러 가지 이유가 있었다. 수에즈전쟁과 같은 시기에 헝가리의 수도 부다페스트에서 시민 봉기가 발생하여 소련 전차가 시민의 반란을 제압하는 사태가 발생했는데, 미국으로서는 소련의 행동을 비난하면서 이집트를 제압하려고 하는 영국 · 프랑스의 행위를 눈감아 줄 수 없는 일이었다. 석유 수송로로서의 수에즈 운하는 당시 세계 제일의 산유국이던 미국에게 최우선의 관심사는 아니었다. 더구나 수에즈전쟁과 부다페스트 사태의 동시 발생은 대통령 선거 투표일을 며칠 남기지 않은 시점에서 터진 돌발사태로서 대결하기에 적합한 시기가 아니었다. 대결로부터 몸을 피하기만 하면 아이젠하워(D. Eisenhower) 대통령의 재선은 확실시되었다.

1956년의 수에즈전쟁(제2차 중동전쟁)은 유럽 식민지주의의 자살과 종언을 보여 주는 사건이었다. 이집트가 처음으로 식민지 열강을 격파하고 정치적 · 외교적 승리를 거둔 사건은 인종(忍從)과 침묵의 운명을 감수할 수밖에 없었던 아랍 세계의 민중을 오랜 잠으로부터 깨웠다. 이 순간부터 나세르는 모든 아랍 세계를 통합으로 이끄는 자질을 갖춘 지도자로서, 큰 희망의 등불을 들고 민족을 이끄는 영웅으로서 숭배를 받게 되었다.

7. 나세르주의

나세르의 아버지는 이집트 남부의 농민 출신으로 알렉산드리아의 우체국 직원으로 일생을 보냈다. 나세르가 군인이 되고자 한 것은 이집트에 명목상의 독립이 주어지면서 카이로에 사관학교가 설립되어 가난한 집안의 자녀들에게도 출세할 기회가 나타났기 때문이다. 혁명장교들은 자라 온 환경이 같았고, 지적이며 야심에 찬 젊은 세대였다. 국왕과 귀족, 파샤(pasha)°와 베이(bey)° 가 지배하는 구질서를 타파한 것은 도시와 농촌에서 자란 평민 중산계급, 예를 들어 교사 · 의사 · 기술자 · 학생 · 언론인 · 하급

○ 오스만투르크에서 문무 고관에게 주어지던 칭호. 베이보다 높은 지위로 이름 밑에 붙이며, 특정한 관직을 의미하는 것은 아니다. 왕, 지배자를 뜻하는 페르시아어 파드샤에서 유래했고 1934년 폐지되었다.
○ 파샤보다 낮은 지위로 조그만 부족의 수장을 말한다.

관료 · 변호사 · 경찰 그리고 청년 장교 등 '제3신분'의 지식인 내지는 준지식인들이었다.

청년 장교들이 실천한 이집트 혁명은 이윽고 시리아 · 이라크 · 예멘 · 리비아 등에 이르는 일련의 군사혁명의 선구이자 패턴이 되었다. 이집트 혁명 자유장교단의 평균연령은 34세였으며, 나세르도 34세였다. 아랍 세계의 혁명은 무장한 중산계급에 의해 실행되었다.

아랍어에 '경혈(輕血)', '중혈(重血)'이라는 표현이 있다. '경혈'은 밝고 개방적인 사람을, '중혈'은 약간 어둡고 말이 없는 사람을 말한다. 이집트인은 일반적으로 미소를 잘 짓는 민족인데 나세르는 혁명 장교 중에서도 생각이 깊고 신중한 군인으로, 혁명의 동료이자 그의 뒤를 잇는 경혈 기질의 사다트와는 대조적이다.

수에즈전쟁의 승리는 아랍 세계 전역에 범아랍 민족 통합의 꿈을 일깨웠다. 과거 아랍인이 이슬람의 깃발을 내걸고 서쪽으로는 스페인까지 동쪽으로는 중앙아시아까지 진격하여 이슬람 공동체를 구축한 8세기 이래 1,000년 만의 꿈이다. 그 꿈과 꿈을 실현하기 위한 이념과 운동을 나세르주의라고 불렀다.

나세르주의는 세 가지 큰 요소가 있다.

첫 번째는 범아랍 민족 통합의 이상이다. 유럽 식민지주의와 아랍 세계에서의 여러 왕국의 분립은 아랍어 민족을 12개 이상의 국가로 분열시켰고, 이로 인하여 아랍 왕국들의 군대는 병력의 우세에도 불구하고 전쟁에 패해 이스라엘 국가의 수립을 용인해야 했다. 또한 알라의 선물이라고 불러도 좋을 석유는 아랍 세계에서 집중적으로 생산되고 있었으나, 그 이익은 외국의 석유회사와 세습 왕정의 지배자에게만 돌아갈 뿐 아랍 민족 사이에 공평한 분배가 이루어지지 않고 있었다. 아랍 세계를 분열과 종속에서 벗어나게 하고 정치적 통합을 실현하여 부의 공정한 분배와 독립과 주권을 내외에 과시하려는 이상이었다.

두 번째는 적극적 중립주의이다. 중립은 아랍 통합 이념의 뒷면과 같은 것으로 미국 · 소련, 자본주의와 공산주의, 두 개의 대립하는 동서 세력의 어느 쪽에도 속하지 않고 자립의 길을 걷는다는 대외적인 태도였다. 중립주의야말로 세계의 긴장을 완화하고 냉전의 해빙에 도움이 될 것이다. 그러나 적극적 중립주의란 주권을 침해받지 않는 한 대립하는 열강들로부터 원조를 받는 것이다.

세 번째는 사회주의인데 그 내용과 이데올로기는 규정하기 어려운 면이 있다. 오히려 이것은 1950년대까지 이집트 및 아랍국들에 있었던 구질서하의 경제구조에 대한 역반사의 색채가 강했다. 구질서란 왕제를 가리키며 궁정과 귀족, 대지주와 특권층의 과두지배이다. 더구나 유럽 열강에 의한 식민지주의하의 구질서였으므로 왕제도 지주 지배도 외국 자본의 이익에 봉사하는 것이었다. 경제를 움직이는 것은 외국 회사로 토지, 개발, 운하의 경영, 석유 채굴, 은행, 보험 등 모든 것이 외국 자본의 독점하에 있었고 극히 소수의 민족 부르주아만이 경제활동을 할 수 있었다. 서민과 노동자, 농민은 빈곤한 생활을 했고 가난에서 벗어날 기회조차 주어지지 않았다.

이러한 상황을 개혁하기 위해서는 외국 세력과 자본의 지배를 물리치고 국가가 기간산업과 공공자본을 수중에 두고 거기서 나오는 부를 공정하게 민중에게 분배하는 수밖에 없었다. 포괄적인 국가 계획에 따라 생산을 확대하고 농업을 근대화함으로써 분배해야 될 부를 키울 수 있다. 나세르 주변의 이론가들은 그들의 이론을 종종 마르크스주의에서 인용해 왔기에 나세르주의는 한때 공산주의의 아류로 평가받았다. 그러나 나세르주의는 마르크스주의의 무신론이나 계급투쟁을 거부했다. 계급투쟁은 아랍 세계를 더욱 분열시키고 근대화로의 에너지를 분산시킬 뿐이라고 생각했다.

나세르가 이집트에서 실행한 농지개혁과 외국 기업, 은행, 보험의 이집트화, 후에 단행한 국유화는 이러한 철학에서 나온 실험이다. 실험의 효과를 당장 거두기에는 과거의 유산이 무거워 바로 민중에게 혜택을 줄 수는 없었지만, 영구불변으로 여겨 온 열강의 위력은 그 거만한 모습을 서서히 시민의 일상생활에서 지워 갔다.

나세르의 사회주의에는 일관된 이론이 결여되어 있었고 서구의 몰이해와 도발은 나세르로 하여금 외국 자본을 무조건 거부하는 방향으로 나아가게 한 결과, 개혁은 더디게 진행되었다. 국가는 관료주의와 경찰력을 지나치게 비대화해 사회에 중압감을 더했다.

이집트 혁명 장교 대부분은 이슬람의 부흥을 이루고자 하는 무슬림동포단(The Muslim Brotherhood, The Muslim Brothers)°과 접촉하여 그 이데올로기에 동감했으나, 동포단체가 혁명을 호기로 권력 획득을 시도하며 무장투쟁을 일삼자 군인들은 동포단체를 탄압하는 길을 택했다. 나세르는 도덕으로서의 이슬람은 받아들이지만 정치 이슬람, 특히 무장투쟁과 암살 수단을 사용하는 원리주의를 거부했다.

나세르주의의 주요 성격은 아랍 세계에 대두하는 신흥 중산계급과 지식인의 감정을 대변하고 있었다. 유럽 열강의 압력과 이스라엘의 군사적 존재가 무장한 지식인이 아랍 세계 사회혁명의 주역이 되게 하는 결과를 낳았다고 볼 수 있다. 마키아벨리의 『군주론(*Il Principe*)』을 인용하자면, 이란의 모사데크처럼 무력을 갖지 못한 예언자는 패할 수밖에 없었지만 무장한 예언자는 승리에 다가갈 수 있었다.

8. 대(大)시리아와 시리아

이집트는 나세르 출현으로 아랍 세계의 맹주가 되었지만, 수에

° 1928년 결성된 이집트의 이슬람원리주의 조직이자 사실상의 최대 야당. 국가에서 세속법에 의해서가 아니라 이슬람법에 의해 통치되는 이슬람 사회의 확립을 목표로 한다.

즈전쟁 후('비옥한 초승달 지대'라고 불리는 동방 아랍 세계) 미 · 소 항쟁에 자극받아 아랍 세계의 정치투쟁이 날카롭게 전개되는 곳이 되었다. 비옥한 초승달 지대란, 지중해안에서 메소포타미아에 이르는 티그리스 · 유프라테스 유역의 광대하고 기름진 일대를 이르는 것으로, 오늘날의 시리아 · 레바논 · 팔레스타인 · 요르단 · 이라크를 두루 포함한다. 황폐한 아라비아 사막에 비하면 풍부한 물과 비옥한 땅을 갖춘 그야말로 '젖과 꿀이 흐르는 땅'이었다.

초승달 지대 중에서도 예부터 셈족의 나라로 불린 시리아는 가장 중추적인 지역이다. 십자군전쟁 이래의 역사가 보여 주듯 중동을 제압하려면 시리아부터 정복해야 했다.

오늘날 시리아라고 하면 시리아공화국을 가리키지만, 실은 성서 시대에서 제1차 세계대전까지는 현재의 시리아 · 레바논 · 요르단 · 팔레스타인(이스라엘 포함) 전역을 포함하는 지리상의 총칭이었다. 그리스도와 그 사도들이 말한 언어는 아람어라는 오래된 시리아어이며 유대인은 시리아를 아람이라고 불렀다. 따라서 지금도 옛 시리아를 '대시리아'라고 부르기도 한다. 시리아공화국의 지도자들은 대대로 대시리아주의자들이었다. 대시리아주의란 현재의 시리아를 넓혀 '대시리아'를 회복하고자 하는 정치이념이다.

이제 대시리아가 현재처럼 여러 국가로 분열된 까닭을 살펴본다.

대시리아는 제1차 세계대전까지 터키 제국의 판도에 속해 있었으며, 영국이 터키에 대한 아랍의 반란을 지도하기 위하여 메카의 명문 하심가의 수장 후세인을 자기편으로 끌어들였다는 사실은 이미 언급했다. 반란에 성공하면 하심가의 수장을 광대한 동방 아랍 왕국의 왕좌에 앉히겠다고 약속했다. 이는 대시리아의 국왕이 되는 것을 의미했다.

영국의 이집트 주재 고등판무관 맥마흔(Henry McMahon)이 수장에게 편지를 보내 통일 왕국의 보상을 약속한 데에서 이를 맥마흔 선언이라고 부른다. 로렌스의 비밀공작이 성공을 거두어 반란이 1916년 6월에 시작되어 아랍군이 시리아의 고도(古都) 다마스쿠스에 입성한 것은 1918년 10월이다. 시리아는 중동을 제압하는 심장부이며 통일 왕국의 수도로 다마스쿠스가 제격이었다.

반란은 성공을 거두었지만 영국은 아랍인 외에 유대인에게 밸푸어 선언을 통해 민족국가를 약속하였고, 사이크스피코 협정을 맺어 터키의 분할을 프랑스와 약속했다는 사실도 이미 설명했다. 우여곡절 끝에 제1차 세계대전 후 터키 구영토에 대한 전후 처리 문제에서 결국 힘을 발휘한 것은 영국과 프랑스 양국에 의한 세력권 분할협정이었다.

광대한 아랍 왕국의 건설을 바랐던 후세인의 꿈은 무참히 무너졌다. 1920년 산레모 회의에서 영국과 프랑스는 지중해부터 페르시아 국경에 이르는 동방 아랍 세계를 자신들의 위임통치하에 놓기로 결정했다. 프랑스는 오늘날의 시리아와 레바논에 이르는 지역을, 영국은 팔레스타인에서 메소포타미아에 이르는 일대를 통치하에 두게 되었다. 영국은 협정을 약간 개정하여 이라크 북부 모술(Mosul)에서 생산되는 석유 개발에 프랑스를 참여시키는 조건으로 모술 지역을 통치구역에 포함시켰다. 영국 · 프랑스의 세력권 분할은 위임통치라는 명목으로 대시리아를 분단하고 세분화한 것이다. 민족자결권을 주창한 미국의 윌슨(Thomas Woodrow Wilson) 대통령의 눈치를 보며 영국 · 프랑스 양국은 국제연맹(League of Nations)의 위임에 의한 통치라는 말을 만들어 냈으나 사실상 직할 지배였다.

병약한 부친 후세인을 대신하여 한때는 다마스쿠스에 수도를 둔 아랍 왕국의 왕이었던 3남 파이살(Faisal)은 프랑스에 의해 쫓겨나 영국 통치하의 이라크로 옮겨 이라크 국왕이 되었다. 2남 압둘라(Abdullah)는 영국에 의해 요르단강 동쪽 트랜스요르단의 왕이 되었다. 영국은 하심가의 두 왕자를 인위적으로 분할된 위임통치하의 두 왕국 이라크와 요르단의 수장으로 삼아 배신의 위험을 제거했다.

한편 프랑스는 재빨리 시리아로부터 레바논을 분리했다. 지중해 해안의 레바논에는 19세기부터 그리스도교를 믿는 아랍인이 다수 살고 있었기 때문에 이슬람국인 시리아로부터 떼어 놓는 일종의 분할 지배였다. 시리아는 그 어느 곳보다 먼저 터키의 전제정치에 저항하여 아랍의 독립과 르네상스를 준비한 정치인, 순교자, 지식인, 사상가 등을 많이 배출했고 민족주의의 기상이 드센 곳인 만큼 결코 통치하기 쉬운 곳은 아니었다.

시리아는 다마스쿠스에 수도를 둔 우마이야(Umayya) 왕조• 시대부터 십자군을 거쳐 현재에 이르기까지 동방 아랍 세계의 요충지였으며, 대시리아는 여러 나라로 나뉘었지만 시리아는 가장 첨예한 민족 투쟁의 무대가 될 운명을 타고난 지역이었다.

시리아는 작아졌으나 프랑스의 지배가 끝난 후에도 불안정한 상황이 지속되면서 크고 작은 쿠데타가 거의 해마다 발생하였다. 부르주아를 대표하여 바그다드의 시장 진출을 위해 이라크와 합병을 원하는 인민당과 합병에 반대하는 집단이 충돌하는 등 다양한 정치 세력이 군웅할거하면서 혼란을 거듭하였다. 쿠데타는 항상 인접국과 외국 석유회사의 선동과 음모에 의해 발생하는 경우가 많았다.

그중에서도 하심가가 다스리는 왕국인 이라크는 '아랍 통일 왕국'의 꿈을 저버리지 않고 시리아의 탈환에 적극적이었다. 이라크의 음모는 항상 영국계 이라크 석유회사의 권익과 연관되어 있었다. 이라크 석유회사는 북부 이라크에서 산출되는 석유의 송유관을 시리아를 통해 지중해 해안으로 보낼 계획을 세우고 있었다. 그래서 이라크와 석유회사의 선동으로 발생한 쿠데타가 성공하면 송유관 부설이 진행되다가 그에 대한 반격으로 민족주의자 군인들의 쿠데타가 일어나면 공사가 중단되는 사태가 반복되었다.

이라크뿐만이 아니다. 요르단의 야심가 압둘라 왕도 하심가의

● 661년 무아위야가 세운 왕조로 서유럽에 이슬람 문화를 전파하기도 했으나 750년 아바스 왕조에게 멸망했다.

왕자이므로 하심가의 대시리아 건설을 꿈꾸며 시리아 내 쿠데타를 선동하는 밀사를 보냈다. 압둘라 왕은 아랍 세계에서 최강으로 평가받고 있는 아랍군단을 거느리고 있었는데, 이들은 베두인 병사로 구성되었고 영국식 군사훈련을 받았으며 존 바고트 그룹 파샤라는 영국 군인이 사령관이었다. 팔레스타인전쟁 시 예루살렘의 구시가지와 요르단강 서안을 점령하여 왕국을 합병한 것도 이 군단의 위력 덕분이다. 압둘라 왕의 시리아 합병에 거는 야심과 음모는 1951년 예루살렘의 알아크사(Al-Aqsa) 사원에서 암살되기까지 그칠 줄 몰랐다.

하심가뿐 아니라 사우디아라비아의 사우드 왕도 하심가의 야망을 무너뜨리기 위하여 시리아군에게 거사 자금을 보내 움직이고 있었다. 이라크의 왕궁과 석유회사가 조정하는 쿠데타가 성공하면 다음에는 사우드 왕과 아람코석유회사(ARAMCO, Arabian-American Oil Co.) 편에 선 역쿠데타가 발생하는 악순환이 끝없이 되풀이되었다.

나세르주의의 등장으로 시리아를 무대로 한 투쟁은 더욱 복잡한 양상을 띠었다.

9. 정치는 공백을 싫어한다

미국은 수에즈전쟁 후 중동에 생긴 공백을 메운다는 목표를 세워 아이젠하워 독트린이라는 이름하에 처음으로 중동에 들어왔는데, 이는 시리아의 공백을 소련이 먼저 채우면 큰일이라는 위기감에서 비롯된 것이다.

대소 봉쇄 정책 입안자는 국제정치는 공백을 싫어한다고 믿었으며, 미국은 시리아의 공백을 메우는 자가 중동의 운명을 좌우할 수 있다고 생각했다. 대통령에 막 재선된 아이젠하워의 독트린은 소련의 중동 침투를 방지하기 위하여 반공산주의를 명백하게 표방하는 나라에게 경제적 · 군사적 원조를 제공한다는 내용이었다. 수에즈에서 힘을 잃은 영국에 의해 바그다드 조약이 무의미해진 오늘날 그를 대신할 이슬람 세계의 반소동맹을 구축하고자 한 것으로, 소위 미국의 중동 개입 선언이라고 볼 수 있었다. 소련이 나세르를 통해 이집트에 영향력을 증대시키고 있던 상황은 서방에 불안감을 주지 않을 수 없었다. 독트린은 중동에서의 냉전 개시를 알리는 선언이었으며 유럽의 냉전을 선언한 트루먼 독트린°의 연장이었다.

아랍 세계에서는 이라크 · 레바논 · 사우디아라비아가 미국의 선언을 수락했으며, 아랍 세계 밖에서는 파키스탄 · 이란 · 터키가 참여하였다. 트루먼 독트린이 동지중해에서의 영국의 패권을 승

○ 1947년 미국의 대통령 트루먼이 선언한 외교 정책. 무장 소수파 혹은 외압의 정복에 저항하는 여러 나라에 군사적 · 경제적 지원을 한다는 내용으로, 그 배경에는 공산주의의 확산을 저지하고자 하는 의도가 있다.

계한 것처럼 미국은 중동에서 쇠퇴한 영국의 패권을 승계하였다.

그러나 시리아는 공백 상태가 아니었다. 쿠데타와 역쿠데타가 반복되는 과정에서 바트당(Baath Party)° 이라는 신세대 지식인 그룹이 등장하여 이미 정치무대를 장악하려 하고 있었다.

바트란 '부흥' 또는 '르네상스'를 의미하는 아랍어로 아랍사회주의부흥당이 정식 명칭이나 일반적으로 바트당이라고 부른다. 바트당은 대서양에서 페르시아만에 이르는 아랍어 민족의 완전한 통일을 제1의 목표로 내걸고, 나아가 사회주의 경제의 건설을 주장했다. 제국주의와 자본주의 그리고 시오니즘을 투쟁해야 할 삼위일체의 적으로 선언했다. 바트당은 아랍 민족의 통합에서 이슬람교도와 그리스도교도를 구분하지 않는 정교분리의 원칙을 세웠다.

바트의 운동은 그리스정교도인 미셸 아플라크(Michel Aflaq)와 이슬람교도인 살라 알딘 알비타르(Salah al-Din al-Bitar)라는 두 청년에 의하여 1947년 시리아 수도 다마스쿠스에서 시작되었다. 이 민족운동은 사회주의 그룹을 흡수하여 세력을 넓히면서 레바논 · 이라크 · 요르단 등의 인접 국가에서 북아프리카에 이르기까지 공감을 이끌어 내 각지에 바트당을 탄생시켰는데, 시리아의

○ 1947년 시리아의 다마스쿠스에서 창설되었고 아랍국들에서 활동하는 아랍민족주의 정당. 시리아에서는 독재적 정당으로서의 지위를 갖고 있는 한편 이라크에서는 후세인 정권이 무너지면서 괴멸했다.

바트당이 이데올로기와 운동의 거점이 된 것은 두말할 나위가 없다. 바트당의 이데올로기에 의하면 바트는 범아랍 철학에 근거하므로 식민지주의가 만들어 낸 국가와 국경선은 인정하지 않는다. 일국바트주의라는 개념은 없으며 범아랍 세계 속에 시리아 지역, 이라크 지역 등이 존재한다는 원칙이다.

바트당은 나세르주의 운동이 불러일으킨 범아랍 민족의 고양이라는 기세를 타고 수에즈전쟁 승리 후 정치무대에 등장했다. 바트의 대두는 그들의 이념이 나세르주의와 가깝다는 점과 청년 장교와 당 이데올로기의 가장 유력한 신자가 되어 조직과 운동의 핵심이 된 점에 힘입은 것이다. 이집트와 마찬가지로 시리아에서도 무장한 신세대 지식인들이 바트 이념에서 실력을 내세워 서방과 외국 자본에 의지하는 것밖에 몰랐던 보수 정치 집단은 자연히 실추의 길을 걷게 되었다.

바트당과 나세르주의를 연계시킨 아랍 민족 통일 이념은 카우미야,° 즉 아랍 민족의 연대이다. 이는 조국주의와 향토애를 나타내는 와타니야°와 대치되는 개념인데, 유럽 제국주의가 마음대로 만들었던 국가와 국경선을 부정하고 민족공동체를 재건하여 재편성하려는 의욕을 표방한다.

수에즈전쟁 후 바트당과 민족주의자의 연합이 정권을 장악하

○ 카움주의, 즉 아랍민족주의. 카움은 '민족'을 뜻하며 카우미야는 아랍 민족 전체에 의한 아랍 통일 국가의 건설을 지향하는 사상과 운동의 총칭이다.

○ 와탄주의, 즉 국가주의. 와탄은 '고향', '조국'을 뜻하며 와탄주의는 기존의 국가나

여 친서방파를 물리치고, 나세르에 접근하여 중립주의를 주장하는 동시에 나세르가 한 것처럼 소련으로부터 관대한 조건으로 차관과 무기원조 약속을 받았다는 사실은 미국을 놀라게 했다. 아랍 세계에서는 오랜 전통과 실력을 갖춘 시리아공산당의 활약이 눈부셨는데 군의 청년 장교들 속으로 세력을 넓히면서 가끔 바트당과 경쟁하는 양상을 보였다. 미국은 공백이 공산주의로 메워져 이 나라가 소련의 위성국이 되어 가고 있다고 판단했다.

미국이 아이젠하워 독트린이라는 이름하에 터키를 움직여 시리아 국경 부근에 군대를 집결시켜 시리아를 자극함으로써 공산화를 억지하려는 전략을 취한 것도 심각한 불안감의 표현이었다. 미 · 소 냉전이 중동에서 최초로 전개된 사건이었다.

10. 이라크 혁명

1958년 2월 1일, 이집트와 시리아가 '아랍연합공화국'이라는 하나의 국가가 되어 세상 사람들을 놀라게 한 사건이 발생했다. 나세르와 알쿠와틀리(Shukri al-Quwatli)° 두 대통령은 카이로에서

지역 단위의 독립과 국민 국가 형성을 지향하는 것으로 제2차 세계대전 전까지 주류를 이루었다.

○ 시리아 정치가. 청년 시절부터 아랍민족주의 운동에 참여했고 시리아의 독립운동을 펼쳐 프랑스 위임 통치부에 의해 사형선고를 받았다. 이집트 · 유럽 등지에서

전대미문의 합병선언에 서명하였다. 이집트와 시리아 국민회의는 합병을 승인하였고 국민투표에서 나세르가 연합공화국의 대통령으로 선출되었다.

예기치 못한 합병 발표였던 것이다. 밀어붙인 쪽은 시리아였고 제의를 받은 나세르는 마지막까지 망설였다. 시리아가 합병을 밀어붙인 이유는 미국의 위협에 대하여 나세르의 권위에 기댄 보호를 원했고, 또 다른 이유는 시리아 공산당이 군대와 정부 내에 세력을 확장하면서 바트당의 경쟁 상대가 되었기 때문이다. 시리아의 정치 상황은 혼미를 거듭하여 내부적인 위기감을 느낀 바트당이 나세르의 품으로 뛰어든 것이다.

사정이야 어떻든 이집트와 시리아의 합병은 다른 아랍 국가들을 가만히 내버려 두지 않았다. 이 합병은 급진적인 공화주의가 한 몸이 되어 아랍 민족 통합에 첫걸음을 내딛었다는 것을 의미한다. 나세르주의와 바트당의 통합에 아랍 세계 민족은 환호를 불렀지만, 왕국과 구체제 지배자들은 기뻐할 리 없었고 환호 속에 자신들을 겨눈 비난과 반역의 예감을 느끼지 못할 만큼 둔감하지는 않았다.

이집트와 시리아의 합병은 서구와 미국의 세계 전략에 대한 저항이며, 서구와 미국에 의존하는 낡은 왕제와 구질서에 대한 도전이었다. 친서구파 왕국의 대표 격으로 남게 된 이라크 왕가는 요르

망명 생활을 하다 1931년 귀국한 후 정부의 요직을 거쳐 대통령이 되었으나 이집트와 시리아의 통합이 성사된 후 은퇴했다.

단과 왕국 연방을 형성하여 카이로 — 다마스쿠스 추축과 대치했다.

요르단에서는 야심가인 압둘라 왕이 암살된 후 아들인 탈랄(Talal)이 왕위를 계승하였다. 탈랄은 영국의 간섭에 자주 반기를 드는 태도를 보여 정신 불안정을 이유로 폐위되었고, 탈랄의 아들 후세인(Hussein)이 젊은 나이에 왕위를 계승하였다. 왕위 계승 직전까지 자동차 경주와 비행기 조정에 푹 빠져 있던 젊은 왕은 처음에는 민족주의에 취해 아랍군단의 사령관인 영국군 그룹 파샤를 해임하고 요르단군의 아랍화를 단행하였다. 그런데 왕과 공모하여 영국 군인의 추방에 성공한 혁신파 군인 가운데 일부 바트당 청년 장교들이 쿠데타를 일으켜 왕국 붕괴를 꾀하고자 한 사건이 발생하였다. 이 사건은 후세인 왕으로 하여금 사촌형 파이살 2세가 이끄는 이라크 왕국과 가깝게 만드는 계기가 되었다.

1960년 2월 아랍연합공화국의 시리아 지역을 방문한 나세르 대통령(가운데)

사우디아라비아의 사우드 왕은 하심가 왕국 연합과 같은 편이 되어 공화국 연합과 대치하였다. 왕이 왕의 편을 드는 것은 자연스러운 일이지만 그동안 하심가와 사우드가의 대치관계를 생각하면 획기적인 현상이었다. 왜냐하면 이라크와 요르단의 하심가에게 사우드가는 선조의 땅을 빼앗은 원수였기 때문이다. 성지의 관리자였던 후세인은 아랍 통일 왕국의 꿈이 깨진 후 반도의 사막 내륙 출신의 이븐 사우드라는 이름으로 잘 알려진 청교도파 수장의 군대에 패해 성지를 떠나 망명의 비운 속에 세상을 떠났다. 이븐 사우드 왕이 메카와 메디나 두 성지가 있는 헤자즈 지방까지 영토로 삼아 사우드가 왕국이 된 것은 1932년이었다.

이리하여 아랍 세계의 두 대립축이 완성되었다. 간단한 도식으로 나타내면 카이로 대 바그다드, 공화주의 대 왕제, 혁명 대 수구, 그리고 그 배경에는 소련 대 서구(미국)의 대치가 있었다. 이것은 피할 수 없는 대결이었고 냉전구도 속의 중대한 승부였다.

아랍의 표현을 빌리자면 융단은 깔렸다. 지느냐 이기느냐 타협은 없다. 대결은 이집트와 시리아의 전격합병이 이루어진 몇 달 후 1958년 5월의 레바논내란, 그리고 7월 14일의 이라크 혁명(바그다드 혁명)에 의해 시작되었는데 전격적으로 결착이 이루어졌다.

레바논은 프랑스에 의해 시리아로부터 분리 독립한 지중해 연안의 소국으로 자연이 아름다운 땅이었다. 프랑스가 이 나라를 분리한 이유는 이 지역에 7세기경부터 살던 그리스도교도를 보호하기 위해서였는데, 1950년대 후반에는 이슬람교도가 시민의 절반을 넘어섰다. 정치와 군사, 사업과 무역, 지식과 물자 분야를 거의 독점해 온 그리스도교 부르주아에 대한 이슬람 시민의 불만은 극에 달해 있었다. 특히 전화(戰火)를 피해 와서 교외의 난민캠프에 사는 팔레스타인인 때문에 이슬람 인구가 급격히 팽창하고 있는 만큼 모순은 한층 깊어만 갔고, 압도적 다수의 이슬람 시민은 레바논이 이집트와 합병하기를 바라지는 않더라도 나세르주의를 열렬히 지지하고 나세르의 구원을 기다렸다.

이러한 상황을 우려한 그리스도교도인 샤문(Camille Chamoun)○ 대통령이 헌법의 명문을 무시한 채 국가 원수의 지위를 유임하려고 한 사실은 이슬람 시민뿐만 아니라 레바논 사회를 구성하는 다양한 종파, 부족, 정당, 그룹이 반대전선을 형성하도록 자극하고 전 지역에 걸쳐 소규모의 내란을 야기했다. 시리아는 샤문 대통령에 반대하는 측에 무기를 공급했다. 레바논내란은 대통령이 굴복하고 후계자 지명을 의회에 맡기면서 간단히 끝났지만, 7월 14일에 발발한 이라크 혁명은 잔혹한 양상을 띠었다. 여기서도 청년 장교가 군사 쿠데타를 일으켜 38년간에 걸친 하심가 왕국에 일침을 가했다. 이는 왕가를 통해 이라크를 간접적으로 지배해 온 영국의 존재에 종지부를 찍은 사건이 되었다.

이집트의 파루크 왕이 혁명 군인으로부터 최상의 예우를 받으며 망명길에 나선 것에 비해 이라크의 왕가는 비참한 최후를 맞이했다. 스물두 살의 온순한 파이살 2세, 민중의 증오를 산 섭정 압둘라, 그리고 하심가의 충신이자 재상이었던 누리 사이드(Nuri

○ 레바논의 정치가 · 변호사. 정계로 진출한 후 재무장관, 내무장관 등을 거쳐 1952년 대통령에 취임했다. 재임 시절 친미 정책을 펴 내란을 초래했다.

Said), 이 세 사람의 몸은 갈기갈기 찢겨 바그다드 거리에 전시되었다. 누리 사이드는 "영국이 중동에서 무슨 음모를 꾀하고 있는지 알려면 누리 사이드를 보면 안다"라는 말이 있을 정도로 영국 정책의 대변자였고 하심가에는 둘도 없는 책략가였다.

이라크 혁명을 실행한 것은 군인이었지만 정치적으로는 민족주의자 · 공산당 · 반란 쿠르드족, 3자 동맹의 승리였다. 동시에 이는 아랍 세계에서의 나세르주의와 구질서, 공화제 대 왕제의 대결에서 나세르가 전면적으로 개가를 올린 것이기도 했다. 혁명을 지도한 압둘 카림 카셈(Abdul Karim Qassim) 장군과 아리프(Abdul Salam Arif) 대령 등 이라크 군인들이 사전에 나세르와 공모를 한 흔적은 없었지만, 그들의 혁명이 나세르주의 운동의 고조에 편승하여 성공을 거두었다는 사실은 의심할 나위가 없다.

서구, 특히 미국과 영국은 레바논과 이라크의 사태를 통해 사실상 중동의 공백이 소련의 영향력하에 들어간 것으로 받아들였다. 소련은 조금만 손을 뻗쳐도 이집트뿐만 아니라 시리아와 이라크 등 세 지역을 수중에 넣을 수가 있을 정도였다. 미국이 샤문 대통령의 요청으로 레바논에 최초로 해병대를 상륙시키고 영국이 풍전등화의 위기에 직면한 후세인 왕을 지키기 위해 요르단에 강하부대(降下部隊)를 파견한 것은, 소련의 침투를 더 이상 방관하고 있지만은 않겠다는 군사적 억제력의 과시였다.

모든 상황의 전개가 오래전에 예루살렘을 십자군에게서 빼앗고 이집트에 아랍 왕국을 건설한 영웅 살라딘(Salah ad-Din)처럼,

나세르도 또한 수에즈전쟁에 승리했고 바그다드 왕제를 제압했으며 유럽 열강의 식민지주의 유산을 일소하고 미래의 아랍통합공화국의 위대한 지도자가 되는 것이 보장된 것처럼 보였다.

바그다드 사태 이후 수단에서도 나세르파의 군사 쿠데타는 성공을 거두었고, 나세르가 싫어 하심가와 화해를 청한 사우드 왕은 왕국 재정의 파탄을 계기로 친나세르주의자인 파이살 왕자에게 실권을 넘겼다. 아라비아 반도 서남단의 예멘은 오랫동안 쇄국정책을 펴 온 중세적인 수장국이었는데 시대의 흐름에 따라 나세르의 보호하에 들어가게 되었다. 이윽고 요르단 국왕도 친나세르 민중에게 이끌려 구원을 요청할 듯했다.

더 이상 나세르 앞에 장애물이 없는 것처럼 보이던 1958년 여름은 돌이켜 보면 나세르가 희대의 영웅으로서 가장 힘 있고 아름다운 황금시대의 절정에 달한 시점이었다.

11. 바트당의 퇴폐

아랍 세계 통합으로의 문이 나세르주의라는 열쇠로 활짝 열렸다고 생각한 순간 일은 그다지 순조롭지만은 않다는 것이 명료해졌다.

이라크 혁명의 주역들은 카셈과 아리프 두 군인을 선두로 보수에서 민족주의자 · 공산당 · 쿠르드족까지 포함하는 폭넓은 세력이었는데, 이들은 이라크가 나가야 할 향방을 둘러싸고 권력투쟁을 벌였다. 부대장인 아리프 대령이 나세르와 바트당의 노선으로 아랍 통일을 서두르려고 한 데 반해, 지도자인 카셈 장군은 이라크의 석유자원과 권익을 통합의 제단에 바치는 것을 꺼려 나세르와 가까이하는 것을 거부했다. 이라크 국가 수입의 90퍼센트 이상이 석유임을 생각하면 카셈이 망설이는 것도 당연했다. 카셈은 급진파가 아니라 온건한 전통주의자였지만 정치투쟁에 승리하기 위하여 공산당과 쿠르드 좌익 세력을 아군으로 끌어들여 혁명동지였던 아리프를 체포하고 반역죄로 감옥에 가두었다.

카셈 정권의 이라크가 나세르 조류와 대립함으로써 아랍 세계에는 다시 한 번 카이로와 바그다드라는 양극이 성립한다. 나세르는 카셈의 행동을 자신의 주도권을 저지하려는 분열적인 행동으로 해석했다. 1959년 3월 나세르가 이라크 북부 모술에서 바그다드에 대항하는 분리운동을 선동했으나 카셈은 공산당과 쿠르드 인민경찰을 동원하여 나세르파와 바트당의 반란자를 유혈사태 끝에 진압하였다.

나일강이 북으로 흐르고 티그리스강은 남으로 흐르며 이집트와 메소포타미아 왕조가 고대로부터 싸워 온 것처럼 나세르와 카셈의 대치는 첨예한 대결 양상을 보였다. 이는 통합을 꿈꾸는 대민족주의자 나세르, 통합을 이집트 제국주의의 야망으로 간주한 소민족주의자 카셈의 투쟁이었다. 더구나 카셈의 망설임에도 이유는 있었다.

그처럼 도취에 빠져 합병했던 이집트와 시리아의 사이가 급속히 소원해진 것이다. 이집트가 정치 · 경제 · 군사 등 모든 면에서 시리아를 압도하여 시리아군은 이집트군 사령관에 종속되었으며, 바트당은 나세르를 보좌하는 국민운동에 흡수될 것을 촉구받았다. 이집트에서 미래의 시장을 찾던 시리아의 부르주아는 이집트의 관료주의적 통제에 완전히 실망했다. 연합을 추진해 온 시리아의 급진적 청년 장교 중 일부가 비판과 반란의 싹을 없애기 위하여 시리아 내에서 잔혹한 경찰 지배를 펼침으로써 시민들의 호응을 잃고 통합의 꿈은 멀어져 갔다.

소련의 원조는 이미 연합공화국의 경제에 큰 역할을 했다. 나세르는 10년 이내에 국민소득을 두 배로 향상시키겠다는 약속을 실현하기 위해서는 소련의 방법을 모방한 국가 계획과 기간산업의 국가 관리가 필요하다고 생각하였다. 그리하여 1961년 7월 모든 제품공장, 금융기관, 공공사업을 국유화하고 농지의 개인소득을 약 100에이커로 제한하고 소득상한을 두는 법령을 제정했다. 이러한 엄격한 사회주의 모방은 시리아의 경제를 피폐시키고 저항을 불러일으켰다.

1961년 9월에 연합공화국의 실험에 반대하는 시리아 군부대가 수도 다마스쿠스를 포위하는 사태가 발생하였고 이집트군이 진압하기에는 불가능한 상황에 이르렀다. 나세르는 10월 5일 연합공화국이라는 실험이 실패로 끝났음을 내외에 선포했다. 이집트는 분노한 시리아로부터 불명예스러운 철수를 하지 않을 수 없었다.

시리아와의 결별은 예멘과의 결별을 유발했다. 예멘의 수장인 이맘 아마드(Imam Ahmad)○가 나세르 제국주의를 비방하는 풍자시를 쓴 것이 폭로되었기 때문이다.

시리아와 예멘이 이집트와 결별한 1961년 나세르의 위신은 최고조에 달했던 3년 전과 비교할 수 없을 정도로 추락하였다. 범아랍 통합을 위하여 강한 사명감을 갖고 있던 만큼 그 고독감은 매우 깊었다. 나세르는 이라크와의 항쟁과 이집트 경제의 침체로 전제 정치를 펼쳐 나갔고 자신의 독재를 비판한 수많은 지식인을 사막의 수용소로 보냈다.

고독은 나세르뿐만 아니라 라이벌인 카셈 장군에게도 밀려왔다. 모술 지역에서 나세르파와 바트당의 반란 진압에 협력했던 공산당은 정권 참여를 요구하였지만 카셈의 거절로 반대 진영으로 돌아섰다. 또한 카셈에게 협력했던 쿠르드족은 그 보상으로 헌법에 정해진 자치권의 확인을 요구했지만, 카셈은 쿠르디스탄(Kurdistan : 쿠르드족의 땅)에 포함되는 모술 및 키르쿠크 유전의 장래가 걸린 결정인 만큼 쉽사리 용인하지 않았다. 1961년 9월 쿠르드족은 산악지대에 은거하며 장기간에 걸쳐 여러 차례 반란을 재개하였다.●

○ 이맘은 이슬람교도의 지도자를 의미하는 아랍어이다.

● 쿠르드족은 터키 · 이란 · 이라크 · 소련의 산악지대에 거주하는 민족으로 인구는 약 2,000만 명 이상으로 추정된다. 인도유럽어족의 페르시아어계에 가까우며 대부분 이슬람의 수니파이고 극히 소수의 시아파도 있다. 중동에서는 아랍인, 터키

카셈이 쿠웨이트에 대한 역사적 영유권을 주창하며 국경지대에 군대를 집결시킨 것도 이 즈음의 사건이다. 1961년 6월 쿠웨이트는 영국의 보호령에서 독립국이 되어 사바하(Sabah)가의 수장이 지배자로서 군림하게 되었다. 카셈은 터키 제국 시대의 낡은 지도를 꺼내 쿠웨이트는 과거 바스라주 총독의 관할하에 있던 땅이므로 터키 고유의 영토라고 주장했다. 유전 그 자체가 국가가 된 것 같은 쿠웨이트를 소유한다면 카셈의 권위는 높아졌을 것이

인, 이란인에 이어 대민족이자 국가를 갖지 못한 최대의 소수 민족이다. 제1차 세계대전 후인 1920년 패전국 터키의 구영토를 처리하는 세이블 조약에서 연합국은 아나톨리아 동부에서 우르미아호에 걸쳐 쿠르디스탄 자치국의 창립을 승인했지만, 무스타파 케말(Mustafa Kemal)의 반란이 승리를 거두어 쿠르디스탄의 이탈을 거부했기 때문에 1923년 로잔 조약에서 쿠르드족의 독립권은 파기되었다. 쿠르드족의 반란은 1925년부터 주로 터키에서 빈발하였으나 영국 위임통치하 이라크 북부에도 미쳤다. 쿠르디스탄은 모술, 키르쿠크의 유전 지대를 포함하고 있는 만큼 쿠르드족 문제는 미묘하여 손을 대지 않는 편이 낫다는 암묵의 양해가 있어 서구의 대국에 의해 더욱 무시되어 왔다. 1937년 터키 · 이라크 · 이란 · 아프가니스탄에 의한 사다바드 조약에는 쿠르드의 분리 독립 운동 진압에 협력한다는 약속조차 있었다. 제2차 세계대전 후 스탈린은 이란 서쪽 마하바드에 쿠르드공화국을 수립하게 하여 테헤란을 견제했다. 마하바드의 공화국이 붕괴한 뒤 쿠르드의 지도자 무스타파 바르자니(Mustafa Barzani)가 이라크에서 자치권 획득을 위한 투쟁을 시작한 이래 현재도 쿠르디스탄의 산악 지대에서 집요하게 계속되고 있다. 터키 인구의 4분의 1을 차지하는 쿠르드족은 '산악 쿠르드족'이라고 불리며 쿠르드에 대해 이야기하는 것은 종종 금기시되기도 한다. 각국의 총인구에 대한 쿠르드족 인구의 추정 비율은 다음과 같다. 터키 약 1,000만 명(24퍼센트), 이라크 약 300만 명(27퍼센트), 이란 약 600만 명(16퍼센트), 시리아 80만 명(9퍼센트), 소련 약 35만 명(0.2퍼센트)으로 인구의 총계는 2,000만 명을 넘고 쿠르디스탄 지역은 약 40만 제곱킬로미터에 이른다.

다. 그러나 쿠웨이트 정복의 야심에 자극을 받은 영국이 곧바로 군대를 쿠웨이트에 투입하였기 때문에 수포로 돌아갔다.

카셈은 국내외에 적을 살 뿐 아군이 전혀 없었다. 그의 권력은 1963년 2월 육공군 부대의 쿠데타로 무참히 무너졌고 그의 시체는 바그다드 광장에 전시되었다. 쿠데타를 주도한 것은 모술 반란 이래 탄압 속에서 살아남은 바트당의 잔존 세력이었으며, 바트당의 쿠데타 정권은 사형수로 투옥되어 있던 아리프 대령을 대통령으로 삼았다.

이라크에서의 바트당의 성공은 즉시 시리아에 영향을 미쳤고 1963년 3월 8일 다마스쿠스에도 바트당의 군사 쿠데타가 발생했다. 이라크와 시리아 간에 일시적이나마 바트당 권력을 합병하려는 연합운동이 있었지만 얼마 못 가 충돌로 헤어지게 되었다. 그리고 헤어지는 것으로 끝나지 않고 같은 바트당 정권을 표방하면서, 즉 범아랍주의를 내세우면서 뒤로는 상호간에 비방을 하고 자객을 보내 사상적으로도 혈맥적으로도 동족인 상대방을 암살하기에 이르렀다.

바트당은 아랍 민족의 연대를 최초이자 최후의 목표로 내건 운동인데, 각국에서 권력을 장악한다면 조국주의의 유혹을 극복할 수 없을 뿐만 아니라 사상적으로 같은 피를 이어받은 이웃 국가의 당 권력을 폭력적으로 부정할 만큼 증오한다면 이는 바트당 이데올로기의 퇴락을 의미한다. 카우미야라는 연대의 아름다운 환상은 서로를 적대시하는 국가주의가 횡행하면서 깨지고 말았다.

그 이유 중의 하나로 시리아와 이라크의 충돌에서 볼 수 있듯이 바트당의 행동의 축이 오직 군인에 의해 독점되고 쿠데타와 권력 행사가 청년 장교의 게임처럼 다루어진 점을 들 수 있다.

12. 나세르주의의 퇴조

1963년 이라크와 시리아 양국에 바트당 권력의 출현으로부터 1967년의 치명적인 6일전쟁(제3차 중동전쟁)까지의 기간은 나세르주의가 서서히 퇴조해 가는 과정이었다.

1962년 7월 알제리는 8년간에 걸친 투쟁 끝에 해방을 쟁취하였고 해방 지도자들은 나세르 운동이 알제리 독립에 크게 기여했음을 강조했다. 이는 나세르에게는 영광스러운 일이었으나 이집트와 알제리 간의 먼 거리, 다시 말해 동방 아랍과 서방 아랍과의 지리적 · 역사적 위화감은 두 나라를 접근과 통합으로 이끌지 못했다.

바트당은 민족 통합의 이념에서 나세르주의와 가까웠으나, 이라크와 시리아는 서로 다투었을 뿐 아니라 나세르를 상대로 아랍세계의 주도권을 다투게 되었다. 카이로, 다마스쿠스, 바그다드 등 세 방송이 하루도 거르지 않고 상대방을 비방하는 것을 보고 있노라면 어제까지 꿈꾸던 통합은 과연 무엇이었는지 생각하게 한다.

1960년대 전반의 미 · 소 해빙은 중동의 냉전에도 해빙을 초래하였다. 해빙은 아랍 세계의 정치투쟁에 일종의 이완과 퇴조를 불러왔다고 할 수 있다. 1962년 가을 나세르가 예멘내전의 수렁에 빠진 것도 그 예이다.

홍해에 면한 시바 여왕의 나라 예멘은 아랍 세계 중에서도 홀로 남아 1,000년 동안 변함없이 고대적 부족사회를 유지해 온 국가로서, 이곳에서 혁명이 발생했다고 하면 누구도 그것을 곧이듣지 않았다. 대수장 이맘 아마드는 쇄국주의자로 외부와의 교류를 금지하였다. 그 폐쇄적 국가에 군사혁명이라는 현대적인 사건이 발생한 것이다.

1962년 9월 이맘 아마드가 세상을 떠나고 세습 왕자가 즉위한 직후, 압둘라 알살랄(Adallah al-Sallal) 대령이 쿠데타를 일으켜 공화국을 선언하고 나세르주의를 표방하였다. 그런데 혁명으로 살해된 것으로 알려진 왕자는 북부 산악에 은신하며 그에게 충성하는 부족들을 데리고 공화국군과의 전투를 시작했다. 옆집의 불은 남의 일이 아니었다. 사우디아라비아와 예멘은 국경 문제로 예부터 좋은 관계는 아니었지만, 사우드가는 공화국 수립을 그냥 두지 않았다. 왕자가 이끄는 부족군은 사우디아라비아의 도움을 얻어 열세인 공화국군을 압도했다.

나세르가 해방투쟁을 돕는다는 대의명분을 내걸고 공화국군을 구하기 위해 이집트군을 투입한 것은 범아랍주의 지도자로서의 사명감에서 나온 결의였을 것이다. 그러나 이는 커다란 실책이었다. 예멘 전투는 이집트와 사우디아라비아 간의 대리전쟁으로 추락하여 8년간 수렁 같은 전쟁이 계속되었고, 이집트군은 이 무의미한 전쟁에 지쳐 사기를 잃었다.

아랍 세계의 내분과 나세르의 지도력 약화는 1967년 이스라엘과의 충돌을 초래했다. 아랍 정권들은 그들 간의 주도권 투쟁과 내외정책의 무력감을 감추기 위해 이스라엘과의 적대관계를 경쟁적으로 확대하여 자신들의 위상을 과시하려고 한 것이다. 그때까지는 기꺼이 아랍 세계의 내분을 방관하고 있던 이스라엘은 아랍 측의 불안과 대응을 유발하는 도발을 시도했다.

13. 그 전야

수에즈전쟁 후 아랍 세계와 이스라엘 간은 상대적으로 평온했다고 말할 수 있다. 이스라엘은 철수하고 유엔군이 가자 지역과 샤름엘세이크에 잔류하여 평화를 유지했다. 샤름엘세이크는 시나이 반도 남단에 있으며 홍해에서 엘라트항(네게브 사막의 남단)에 이르는 아카바만 입구를 장악하는 요충지였기에 이스라엘은 아카바항의 항로를 확보할 수 있다. 이전까지는 이집트에 의해 봉쇄되어 항구를 이용할 수 없었다.

이 상대적 평온은 1963년 이스라엘이 요르단강을 일방적으로 분류하여 네게브 사막으로 수도관을 부설하는 계획을 실행에 옮기려고 하면서 깨졌다. 한 방울의 물이 한 방울의 피와 마찬가지인 지역이라는 점을 상기하면 그 맥락이 이해될 것이다.

이 수리계획에 대항하여 나세르의 주장으로 1964년 1월 카이로에서 열린 아랍 세계 최초의 13개국 수뇌 회담은 훗날 각 방면에서 중대한 영향을 초래한 세 가지의 결정을 내렸다.

그 하나는 이스라엘이 구상한 요르단강 수리계획에 맞서 요르단강 수량의 절반을 아랍 국가들로 분류한다는 것이었고, 다른 하나는 분류계획을 실행하기 위해 아랍 국가들은 군대를 모아 이집트인 사령관 휘하에 둔다는 것이었다. 그리고 마지막 하나는 팔레스타인 기관, 즉 팔레스타인해방기구(PLO)를 설치하고 이 기관에서 해방군을 보유한다는 내용이었다.

분류계획이 요르단강의 수원인 레바논에서 착수되기 전, 또한 PLO의 조직이 미처 구성되기 전에 팔레스타인 해방을 노리는 지하 군사 그룹이 이스라엘에 잠입하여 야간 공습과 파괴를 하고 게릴라와 수리시설의 태업활동이 눈에 띄게 늘었다. 해방조직을 만든 책임자인 변호사 출신 슈케이리(Ahmad Shuqeiri)가 큰소리치며 무력함을 드러낼 무렵, 무명의 인물 야세르 아라파트(Yasir Arafat)가 이끄는 알파타라는 그룹이 두각을 나타냈다.●

아라파트는 팔레스타인 난민이 가장 많은 요르단을 거점으로 게릴라 부대를 적지에 들여보냈다. 시리아는 페다인(fedayean)이라는 결사대에 원조무기를 제공하였다. 이스라엘이 보복조치로

● 야세르 아라파트와 알파타(Al-Fatah)가 팔레스타인 해방투쟁의 대표로서 등장하는 것은 1967년 전쟁 패배 이후의 일이다. 팔레스타인 해방은 아랍국 수뇌들의

서 요르단의 결사대 기지에 산발적으로 공격함으로써 후세인 왕을 궁지에 몰았다. 왕국의 질서를 존중하기 위해 게릴라를 단속하면 아랍국들로부터 비난을 받을 수 있으며, 또한 팔레스타인전쟁 후 왕국의 새로운 국민이 된 요르단강 서안의 팔레스타인인에게 반항을 불러일으킬 위험이 있기 때문이다.

1967년 아랍 수뇌 회의에서의 나세르 대통령과 파이살 사우디아라비아 국왕

시리아에서는 이 나라의 고질병이라고 할 쿠데타가 산발적으로 재연하고 바트당 지도부는 분열하여 창당 멤버인 아플라크와 알비타르 등은 망명하였고, 과격한 민족주의자 군인들에게 당과 정권이 넘어가는 사태가 되었다.

1966년 1월, 시리아의 실권을 빼앗은 이 급진파 군인 정권이 감

지령과 정책에 의해 성공하는 것이 아니라 팔레스타인인 자신의 투쟁 이외는 길이 없다는 발견이 아라파트를 무장 투쟁으로 이끌었다. 1929년 예루살렘에서 태어난 아라파트는 팔레스타인전쟁 당시에는 팔레스타인의 아랍군에, 수에즈전쟁 당시에는 이집트군에 지원하여 싸웠다. 기술자로 쿠웨이트에서 일했으며 1959년부터 동료들과 만든 것이 알파타의 전신이다. 이 단체가 이스라엘에 잠입하여 최초의 파괴 활동을 시도한 것은 1965년 1월이다.

행한 모험은 이스라엘과 긴장을 초래하여 실패한 정국을 회피하는 것이었다. 요르단강의 물을 끌어들이고, 국경 건너편의 키부츠(이스라엘 협동농업 촌락)에 포화를 들이대고, 알파타 결사대의 훈련에 편의와 무기를 제공하였다.

시리아 군인의 방만한 행동은 나세르의 권위에 대한 도전이기도 했다. 이집트군은 예멘의 혼란 속에서 벗어나지 못했으며, 신중해진 소련은 이스라엘을 물리칠 만한 규모의 무기를 이집트에 제공하는 것을 삼갔다. 나세르는 자신의 군대가 이스라엘과 싸울 실력을 갖추지 못했다는 사실을 인식하고 있었다.

나세르가 자신의 위신을 지키면서 성급한 시리아의 군인을 달래려면 어떻게 해야 할 것인가?

나세르는 군사동맹을 통해 시리아를 억제할 수 있다고 믿었다. 하지만 동맹은 중대한 오산이었다. 더욱 기고만장해진 시리아 군인들은 1967년 4월 국경 부근에서 이스라엘과 연일 공중전을 전개했다. 이스라엘이 시리아와의 전쟁에 대비하여 북쪽에 병력을 집결시킨다는 보도가 전해졌다. 서로 도발을 주고받는 상황이 자주 발생하였다.

나세르는 이집트군에게 출동태세를 갖출 것을 명령하고 평소에는 보이지 않던 고자세로 유엔 경찰군이 가자와 샤름엘세이크에서 철수할 것을 유엔에 요청했다. 유엔군은 철수하였고 나세르는 아카바만을 봉쇄하여 이스라엘의 항구로 가는 배의 항해를 금지하였다. 이스라엘은 요르단강의 분류에 이은 아카바만의 폐쇄에 대해 전쟁을 일으킬 정당한 이유가 된다고 판단하여 전쟁태세에 들어갔다.

이집트와 시리아 군사동맹에 이라크가 가세하였고 요르단도 참여하였다. 요르단 왕국 팔레스타인인의 동요는 군대에까지 파급되어 후세인 왕은 카이로에 가 나세르에게 도움을 요청하지 않을 수 없었다. 그야말로 일촉즉발의 분위기가 되었다.

14. 1967년 6일전쟁

아랍군의 포위망이 완성된 지 5일 후인 1967년 6월 5일 이른 새벽, 급습을 감행한 이스라엘 공군은 몇 시간 만에 이집트 공군을 지상에서 괴멸시켰다. 전쟁 상태가 6일간 계속되었다고 이를 6일전쟁(제3차 중동전쟁)이라고 부르는데 승패는 선제공격의 성공으로 결정났다. 이스라엘은 수에즈 운하의 동안에서 시나이 사막을 점령하고 요르단강 서안 팔레스타인 전역과 가자(Gaza strip)를 수중에 넣고 골란 고원을 빼앗았다.

6월 8일 이집트는 유엔 안전보장이사회의 결의에 따라 정전을 수락하고 패장 나세르는 침통한 표정으로 패전의 책임을 스스로 인정하고 대통령 사임의사를 텔레비전 방송에서 밝혔다. 순식간에 이집트 전국에 걸쳐 나세르의 유임을 요청하는 집회 행진이 전개되었고, 나세르는 감동적인 '국민투표'에 힘입어 지도자의 자리에

머물렀다. 6일전쟁으로 이스라엘은 영유면적의 세 배가 넘는 점령지역을 수중에 넣었고, 아랍국 군인은 3만 명의 전사자가 발생한 반면 이스라엘군 전사자는 670명에 그쳤다.

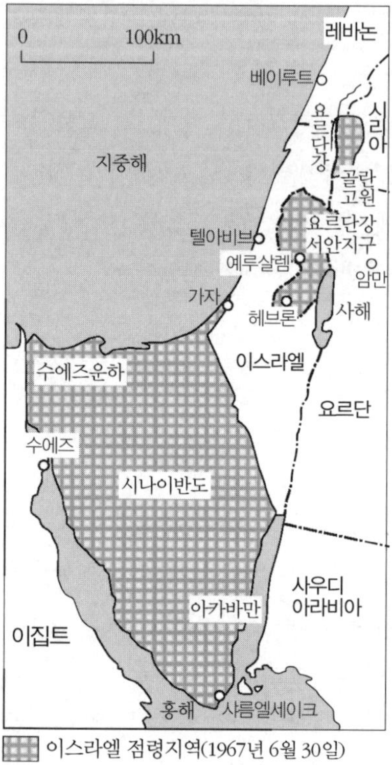

지도 5. 6일전쟁 후의 팔레스타인

1967년 아랍 세계는 1948년 팔레스타인전쟁 때보다 한층 더 정치적으로 분열되어 있었다. 이집트는 약 5만 명의 병력이 예멘내전의 수렁 속에서 헤어나질 못하고 있었으며, 이라크는 쿠르드족의 반란으로 출병은 엄두도 내지 못하는 상황이었다. 시리아 군인은 정치적 무력과 실패를 군사적 모험에 호소함으로써 민심을 회유하기에 급급해 이스라엘과 정면으로 싸울 능력이 없었다.

나세르는 전쟁을 할 기분이 아니었을 뿐 아니라 전쟁을 하면 이집트가 열세라는 사실을 잘 알고 있었다. 그가 시나이 전선에 보낸 사단은 이스라엘과 전쟁을 할 여력이 있는 병력이 아니었으며, 공군 전투기는 한 대도 날아 보지 못하고 괴멸했다. 군사동맹이라는 포위망에 의한 위협전술은 이스라엘에 허점을 잡혔던 것이다. 이스라엘은 조국을 위기에서 구하는 총동원령을 발동하고 거국정권을 출범시켜 시민의 에너지를 '정의'의 전쟁에 집중시키는 데 성공하였다. 군사상 보기 드문 완전한 승리였다.

1948년과 1954년 전쟁 지도자로서 나세르와 대치했던 영웅 벤구리온은 이번에는 네게브 사막의 농장에 틀어박혀 회고록을 쓰고 있었지만, 그의 심복인 다얀(Moshe Dayan) 장군이 거국정부의 국방장관에 임명되어 이스라엘의 전쟁을 지휘하였다. 나세르는 최대의 적수에게 세 번이나 밀리는 결과가 되었다. 나세르는 굴욕적인 좌절 후 3년간 이집트의 지도자로서 군림했지만 이전처럼 아랍 세계를 결집하려는 민족운동의 활력은 쇠하였고 결국 1970년 9월 28일 심장발작을 일으켜 52세를 일기로 세상을 떠났다.

15. 암전

1945년에서 1967년에 이르는 중동의 한 시대를 '나세르의 시대'로 부를 수 있는 것은 아랍 세계 내부의 변동과 이스라엘과의 관계에서 나세르는 영웅적인 상징이었기 때문이다.

유럽 열강과 유착한 국왕과 궁정, 귀족과 대지주의 낡은 질서를 뒤집은 것은 농촌과 도시에서 생겨난 중산계층이었다. 이슬람 세계에는 유럽의 교회 권력 같은 것은 존재하지 않으므로 제3신분이라고 부르기는 부적당하지만 계층의 성격은 비슷하다.

그들은 독립과 근대화 운동의 주역이 되었다. 교육과 기술도입은 부족생활의 관행과 사고에 큰 충격을 주었고, 농촌에서 도시로의 인구 유입은 어느 국가에서나 보이는 현저한 현상으로, 도시의 커뮤니케이션은 신세대에게 지식과 자유를 향유하게 하였고 구세대와 낡은 전통에 대한 위화감을 증대시켰다. 낙타와 당나귀를 멀리하고 신형 자동차와 텔레비전이 근대화의 우상이 되었다.

나세르주의와 바트당의 이념은 이러한 계층과 시대의 흐름 속에서 발생한 지식인 및 준지식인의 이데올로기였다. 특징적인 것은 이들 무장한 신세대 지식인, 즉 청년 장교가 중심이 되어 모든 정치권력을 장악했다는 점이다. 이것은 아랍 세계의 독립과 근대화 사업이 유럽 제국주의 또는 미국의 개입과 싸우며 이스라엘의 군사력과 대항하는 환경 속에서 이루어졌기에 무장한 지식인이 권력에 접근 가능했던 것이라고 볼 수 있다.

나세르는 무장한 지식인의 선구자이며 유럽 식민지주의의 유산을 일소하는 위업을 달성하여 그 모델이 되었다. 통합의 꿈에 빠져 화려한 영광과 무참한 패배가 주는 굴욕의 최후를 맛보아야 했던 것도 영웅다운 운명이다.

모든 선구자의 일이 그런 것처럼 나세르의 꿈은 아직 개간되지 않은 토지에 씨를 뿌리는 것과 같은 일이었다. 나세르주의는 발전도상에 있는 아랍 세계의 다양한 격차, 석유라는 부를 갖고 있는 자와 없는 자 간의 충돌, 정치지도자 간 그리고 각 국민과 지역 간의 뿌리 깊은 대립, 부족적인 사회와 서구화한 도시 간의 모순 같은 각종 장애와 난관을 마지막 단계에서는 전제적인 개인숭배의 정치양식으로 극복하고자 하였다. 이는 나세르를 군사적인 모험으로 끌어들이는 셈이 되고 말았다.

이스라엘이라는 국가가 칼을 들고 팔레스타인에 탄생한 것은 중동의 역사를 급변시키는 일대 사건이었다. 특히 1967년의 6일 전쟁 승리로 그후 중동 전체의 정치무대뿐만 아니라 유대인 국가도 끝없는 불행의 길로 접어들었다.

이스라엘은 이 승리를 계기로 국가의 성격이 바뀌었다. 승리 후 유엔의 결의에 귀를 기울이지 않고 점령지역의 반환에 조금도 성의를 보이지 않았던 점에서 잘 드러난다.•

일종의 이상주의와 휴머니즘의 색채를 띤 초기의 시오니즘은 6일 전쟁 승리 이후 자취를 감추고 '타인'을 배제하는 감정에 가득 찬 군사 시오니즘으로 변질하였다. 이스라엘은 승리할수록 더욱 미

● 1967년 11월 22일의 유엔 안전보장이사회결의 242호에는 중동의 영속적인 평화를 유지하기 위하여 이스라엘군의 점령지역 철수를 비롯한 여러 가지 요구가 포함되어 있었다. 그러나 '점령지역에서의 철수'라는 중요 부분이 영어로는 'withdrawal from occupied territories'이며 프랑스어로는 'l'evacuation des territoires occupes'로 되어 있어 논쟁이 발생하였다. 프랑스어로는 '점령지역으로부터의 철수'이지만 영어로는 '점령 전역(또는 일부지역)으로부터의 철수'라고 해석할 수 있기 때문이었다. 이와 같은 차이점은 평화교섭을 좌초시키는 한 원인이 되었다.

래의 위기에 떠는 불운한 국가가 되어 갔다.●

1967년 전쟁까지 중동의 1세대는 각각의 조류를 대표하여 모사데크, 나세르, 벤구리온, 카셈 등이 등장하는 영웅 시대였다. 1967년 이후의 한 시대는 전란과 살상이 그칠 줄 모르는 무명(無明)의 시대이다.

빛이 없는 어둠 속에서 영웅의 시대를 돌이켜 보면 많은 선택의 가능성이 존재한 평온의 시대로 보이는 것이다.

● 필자가 6일전쟁 정전 직후인 1967년 6월 16일 텔아비브에서 벤구리온과 회견했을 때 그는 이렇게 말했다.
"우리는 이집트 및 시리아와 평화 조약을 맺고 수에즈 운하와 아카바만 통행의 자유를 얻는다면 점령지역에서 철수할 용의가 있다. 예루살렘은 유엔이 어떤 결정을 내리든 유대인의 것이어야 한다. 요르단강 서안지구는 이 지역이 상호의 평화와 경제 관계를 보장한다는 조건으로 완전한 자치를 인정해야 한다고 생각한다. 이스라엘은 예루살렘을 제외한 모든 점령지역에서 안전 보장을 확보한 후 철수해야 한다고 믿는다. 빠르면 빠를수록 좋다. 이스라엘은 탄생한 지 20년으로 아직 골격이 갖추어지지 못한 국가이므로 점령의 영속은 이 나라의 건전한 성장을 해칠 위험이 있다."
이 발언이 도쿄로부터 이스라엘에 전해졌을 때, 이스라엘의 승리에 들떠 있던 국민은 이 원로의 의견에 부정적 반응을 보였다.

제2부
무명의 시대

무명은 미망이 지배하는 어두운 세계.
이슬람에서는 예언자 무하마드에게 신의 계시가 내리기 이전의
아랍 세계를 무명(자히리야, jahiliyah)이라고 부른다.

1. 임시 휴전

6일전쟁은 6일간으로 끝나지 않았다. 전쟁에 연관된 나라들은 유엔의 정전결의를 받아들였지만 정상적인 휴전은 성립하지 않았으며 전쟁은 소강상태가 계속되었다. 전쟁은 1979년 이집트와 이스라엘 간에 평화조약이 맺어질 때까지 계속되었다고 볼 수 있다. 물론 이는 양국 간의 이야기이며 아랍 세계와 이스라엘 사이에는 전쟁에 준하는 상태가 계속되고 있다. 그뿐 아니라 1967년의 굴욕은 아랍 세계에 골육상쟁을 불러일으켰다.

6일전쟁은 팔레스타인 문제도 급변시켰다. 나세르가 상징하는 아랍 통합 운동을 단번에 후퇴시켰고 이스라엘 국가도 변질시켰다. 6일전쟁은 50년에 걸친 중동전쟁의 후반 역사를 더욱 암흑 속으로 빠뜨렸다.

나세르의 생애에서 마지막 3년은 현실에 대한 냉철한 눈을 갖고 있으면서도 시대의 흐름에 억눌려 물에 빠진 사람처럼 침몰하는 비극의 운명이 기다리고 있었다. 나세르는 1967년 8월 수단의 수도 하르툼(Khartoum)에서 열린 아랍 수뇌 회의에서 티토(Josip Broz Tito)의 권고를 받아들여 현실적인 패전 처리 설계도를 만들었다. 이스라엘이 모든 점령지에서 철퇴하는 것을 조건으로 아랍 세계는 유엔 결의를 받아들여 이스라엘과 국경 안전을 보장하고 아카바만의 자유항해를 인정한다는 내용이다.

나세르에게도 그리고 그의 제안을 지지한 요르단 후세인 왕에게도 이 이상 선택의 길은 없었다. 이집트에게는 수에즈 운하와 관광수입을 잃고 시나이 반도의 유전도 빼앗기고 국내의 경제위기를 초래하면서 언제까지 군사대결을 계속할 여유가 없었다. 괴멸 직후였기에 비극적 열광 속에 지도자로서의 지위를 유지할 수는 있었지만 패배의 실상이 알려지면서 사람들은 지도자의 태만을 비판하고 공격하였다. 나세르는 희생양으로서 혁명을 같이 일으킨 둘도 없는 친구인 하킴 아메르 국방장관을 체포하고 자살로 내몰았다. 이는 스스로를 말살시키는 행위와 같았다.

나세르는 사우디아라비아의 국왕과 회담하여 예멘내전에 투입한 이집트군을 철수한다는 약속을 하였다. 그러나 나세르의 온건노선은 다른 아랍 세계의 수뇌를 설득시키지는 못했으며 하르툼 결정은 오히려 이스라엘이 바라던 바였다. 뒷일을 걱정하지 않아도 될 완벽한 승리란 세상에 존재하지 않는다. 이스라엘은 완벽한 승리를 어떻게 다루어야 할지 모른 채 우선 점령체제의 확립에 집중하면서도 한편으로 두려운 것은 아랍 측의 유연하고 온건한 대응이었을 것이다.

이스라엘은 이집트와의 정전라인을 수에즈 운하의 동안이 아닌 운하의 중앙에 두자고 주장했으며 점거한 예루살렘 구시가지 합병을 돌이킬 수 없다고 선언한다. 점령하의 사마리아(요르단강 서안) 지방에 유대인 이주민들을 위한 최초의 정착촌이 세워지고 가자와 골란 고원과 요르단강 서안을 합병하자는 여론이 점점 높아졌다.

형식적인 휴전이었으며 운하 일대에 끊임없이 포격과 충돌, 공중전이 발생하였다. 나세르가 세상을 떠나기 직전인 1970년 7월 미국의 로저스 평화안을 수락한 것이 그의 마지막 현실적 노력이 되었다. 로저스(William Rogers)는 당시 미국의 국무장관으로 소련과 협의하여 평화안을 만들었던 것이다.

평화안은 영토의 일부를 빼앗긴 이집트와 요르단이 국제적으로 승인된 국경선 안에 이스라엘의 존재권리를 인정하고 이스라엘과의 평화원칙을 승인하는 대신 이스라엘은 유엔 안전보장이사회 결의 제242호를 수락하고 유엔 특사 조정하에 평화교섭을 개시한다는 내용이다.

이집트의 수락은 이스라엘을 놀라게 하였고 소극적이나마 유엔의 조정을 받아들이게 하는 효과를 불러일으켰다. 그렇지만 로저스 평화안에 의한 조정교섭은 같은 해 9월 이스라엘이 나세르가 정전지역 안에 소련제 미사일을 도입했다는 이유를 들어 결렬되었다. 그렇지만 한 가지 효과가 있었다면 이때부터 1973년까지 3개월마다 갱신된 정전원칙이 생겼다는 것이다.

2. 팽창하는 이스라엘

이미 이스라엘은 팽창정책의 길을 걷고 있었다.

6일전쟁은 또다시 팔레스타인에서 난민 20만 명을 발생시켰으며 난민의 대다수는 요르단 왕국에 흘러들어 비참한 막사생활을 보내야 했다. 점령자는 이 가운데 2만 명의 귀향을 허락했지만, 점령지에서는 조금이라도 저항의사가 있다고 의심되는 자는 체포하고 집을 폭파했다. 노동당 정부의 시몬 페레스(Shimon Peres)○ 국방장관은 이와 같은 점령조치가 '1945년 영국 정청에 의해 공포되어 이스라엘의 법률에 채용된 긴급사태령'에 따른 합법수단이라고 설명하였지만, 영국 정청이 팔레스타인의 유대인 게릴라에 대해서 이 긴급령을 공포하였을 때 유대인이 이를 '나치스법의 부활'이라며 세계 여론에 호소한 사실을 잊은 것 같았다.

이스라엘은 곧바로 점령지역 안에 유대인 시민을 이주시켜 정

○ 이스라엘의 정치가로서 노동당 당수를 지냈고 총리도 두 차례 역임했다. 이스라엘과 팔레스타인 사이에 평화 협정이 성립되는 데 기여한 공로를 인정받아 1994년 노벨평화상을 수상했다.

착촌을 건설하기 시작했다. 이민정책은 우익연합 리쿠드의 노골적인 팽창주의 이데올로기를 자극하게 되는데 그들은 점령지역의 전면적인 병합을 요구하고 식민활동의 선두에 나섰다. 지중해 해안에서 요르단강에 이르는 토지는 신이 '유대 민족의 나라(Eretz Israel)'로 주신 약속의 땅이며 신은 6일전쟁의 승리를 통해 유대인에게 이 약속의 땅을 회복할 수 있는 기회를 주었기 때문에, 병합은 신의 의지라는 것이 우익과 종교 세력의 이데올로기였다. 이스라엘 의회가 예루살렘 구시가지의 합병을 결정한 것은 팽창으로의 첫걸음이었다.

대다수의 이스라엘인에게 요르단강 서안지역은 점령지역이 아니라 성서에 제시된 유대 민족의 나라와 '사마리아'라고 부르는 약속의 땅의 일부였다고 할 수 있다.

군사적 승리가 이스라엘에 끼친 이러한 이데올로기의 전향으로 국가의 기본적인 성격도 크게 바뀌었다. 이스라엘은 중동에 돌출한 서구의 모형이며 특히 정치제도는 앵글로색슨의 민주주의 모델을 그대로 도입한 것이라고 하나 반드시 그렇지는 않다. 팔레스타인으로 건너온 초창기 이민은 대다수가 러시아와 폴란드 등에서 온 동유럽계의 유대인이었으므로, 1914년 제1차 세계대전 이전의 동유럽 거주 유대인 공동체의 흔적을 농후하게 지니고 있었다.

개혁적 · 교조적 사회주의자, 톨스토이 신봉자, 유대인교 계율을 준수하는 정통파 신도, 팔레스타인 민족국가를 건설하려는 시오니스트 등으로 구성되어 있었다. 이러한 흐름들은 이스라엘의 국가 수립 때부터 크게 노동당, 우익연합, 종교 그룹 등의 세 갈래로 나뉘었고 그 아래에 많은 지류와 소그룹이 생겨났다.

노동당(또는 마파이당)은 시오니즘 운동의 핵심으로서 국가 건설 때부터 정권을 계속 담당하였다. 지도자인 벤구리온은 당과 시오니즘을 대표할 뿐만 아니라 '이스라엘 건국의 아버지'로 알려져 있었다. 그러나 이스라엘에서 노동당은 총선거에서 40퍼센트를 넘는 득표율을 얻은 적이 없었고, 벤구리온의 위신에도 불구하고 단독으로 정권을 장악한 적이 없었다. 온건한 사회정책을 펼치고자 한 벤구리온은 우익을 싫어했고 항상 국가 종교당이라고 할 수 있는 종교 그룹과 연립의 길을 선택하였다.

노동당은 그 출발부터 노동 총동맹에서 조직적인 기반을 구하였고 정교분리를 원칙으로 하는 사회주의 색채를 띤 정당이었으므로, 벤구리온과 그의 동료들은 자신들의 연설 속에 신의 이름을 부르는 일이 드물었으며 독립했을 때부터 정교분리의 원칙을 명기한 사회주의적인 색채를 띤 헌법을 제정할 생각이었다. 그러나 이러한 희망은 종교 그룹과의 협력이라는 어쩔 수 없는 정치적 요청으로 인해 실현하지 못했다. 오늘날까지 이스라엘은 초창기 시오니즘이 꿈꾼 정교분리의 헌법을 만들지 못했으며, 더구나 6일전쟁의 군사적 승리는 이스라엘을 결정적으로 정교분리의 원칙에서 벗어나게 하는 결과를 초래하였다. 왜냐하면 승리와 승리를 영구화하려는 내셔널리즘은 종교 세력과 우익의 두 진영을 결속시켜 노동당을 압도하는 힘을 축적했기 때문이다.

이스라엘은 승리할수록 성문을 닫고 굳게 지키는 농성자 같은 심리가 깊어졌다. 이를테면 한 번 승리하더라도 사면이 적에 둘러싸여 있고, 믿을 만한 우방도 동맹자도 없으며 국가 예산을 몽땅 군사비에 쏟아 부어야 하는 소국은 민족이 결속하는 것만이 유일한 생존수단이다. "유대인이 세 명 있으면 정당이 네 개 생긴다"라는 속담이 있을 정도로 비타협적인 기질을 가진 유대인에게는 이스라엘 국가의 존속이 그들 유대 민족의 사활이 달린 투쟁이었다. 그리고 팔레스타인에서 태어났든 동유럽 및 아랍 세계에서 이주해 왔든 유대인을 하나로 뭉치게 하는 것은 선조 이래의 신앙인 유대교이며 이 신앙의 원천인 성서이다.

사회주의를 지향하며 출발한 공화국 안에서도 안식일(사바스 Sabbath)의 계율에 따라 금요일 일몰 후부터 토요일 일몰까지 사람들은 일손을 쉬며 신에게 기도하고, 음식을 만들기 위해 불을 사용하지 않고 성직자에 의해 정화된 고기(코셔Kashrut)를 먹으며, 결혼과 이혼도 종교재판소에서 처리해 왔다. 이는 아무도 의심할 여지가 없는 생활양식이기도 했다. 이 일상생활 속의 종교적 요소가 6일전쟁 승리 이후에는 한층 더 정치적인 성격이 진한 세속적 세력으로 대두했다.

벤구리온은 세계 각국에 흩어진 유대인이 새롭게 건설된 유대인의 나라에 대거 이주해 올 것이며, 이스라엘 이외에 유대인이 살 장소는 없다고 믿었다. 하지만 이는 한낱 꿈이었으며 이스라엘은 세계에 흩어진, 특히 미국에 사는 유대인 사회의 정치적·재정적인 원조 없이는 지탱할 수 없는 심각한 현실에 직면하였다. 고슴도치처럼 무장한 군사대국으로 탄생한 이 나라는 6일전쟁 후 그들이 획득한 것을 지키기 위하여 종교 이데올로기에 의해 이중으로 무장한 국가체제를 만들어 나갔다.

승리의 거국정권을 주도한 것은 노동당이었다. 노동당은 종래에 정치와 종교 분리원칙에 대해서는 현실적응적인 방식으로 일관했는데 군사적 승리로 그러한 자세를 무너뜨렸다. 회복한 '에레츠 이스라엘(유대 민족의 나라)'을 영원히 유대인의 나라로 만들기 위하여 점령지역에 식민지를 넓히자고 주장하는 우익과 종교조직의 운동에 떠밀려 식민지정책을 단행한 것은 노동당 정권이었다. 식민지 거주자는 말하자면 신의 의사를 실천하는 둔전병이었고, 식민은 이스라엘의 국방정책임과 동시에 미국 및 국외에 흩어진 유대인 공동체로부터의 모금에 가장 선전 효과가 높은 방법이었다.

노동당의 실용주의와 일종의 귀족주의는 이전부터 반대파의 공격 대상이 되었고 당 내부에서도 수정파라고 할 수 있는 조류를 탄생시켰다. 장로 격인 벤구리온조차 노동당의 주류에서 벗어나 네게브 사막의 키부츠에 은둔하며 노동당 노선을 비판하는 상황이 되었다.

노동당 정권이 6일전쟁 후에 내딛은 거국 노선은 우익 및 종교세력과의 타협이었다. 한마디로 우익 노선을 지향하는 정치였다.

이는 전쟁 승리라는 쟁취감이 불러일으킨 정치적 결말이라고 할 수 있었다. 그리고 우익으로 돌아선 노동당 정치의 길 끝에는 1977년 총선거에서 원리주의 세력, 즉 리쿠드라는 우익연합과 종교 그룹의 동맹 세력이 거둔 결정적인 승리와 30년간에 걸친 노동당 천하의 최후가 기다리고 있었다.

6일전쟁의 승리는 결국 노동당의 우익화를 재촉했고 그들의 시오니즘적 이상주의와 사회주의 색채를 지워 버렸다. 이는 벤구리온으로 대표되는 초창기 시오니즘적 전통과의 결별이기도 했다.•

● 1977년의 이스라엘 총선거에서 건국 이래의 노동당 지배가 무너지고 우익연합(리쿠드)이 등장한 원인으로서 인구 구성의 변화를 들 수 있다. 이스라엘의 국가 조성은 19세기 말부터 이주한 러시아와 폴란드 등 동유럽계 이민이 동력이 되었지만, 이 밖에도 독립 후에 북아프리카 국가들 또는 아랍 세계에서 유입한 이민으로 형성되었다. 동유럽계는 아슈케나즈(Ashkenag), 북아프리카계는 세파르디(Sephard)라고 부른다. 두 범주의 유대인은 매우 큰 차이를 보인다. 노동당은 소위 아슈케나즈당으로 서구식 정치제도 · 가치관 · 생활양식 · 합리주의 · 기술을 국민생활에 부여하였지만, 뒤늦게 온 세파르디는 이러한 양식에 동화되지 못했고 가난한 이민공동체는 소위 2등 시민의 지위에 만족하였다. 세파르디는 노동당의 귀족주의가 마음에 들지 않았고 아랍 세계에 보여 준 타협과 양보의 의사표시도 마음에 들지 않았다. 아슈케나즈에게 전통적으로 억압자는 러시아였지만, 세파르디에게 박해자는 아랍인이었다. 가끔 현실 적응적 정책을 펼치는 노동당에 비해 테러에는 테러, 보복에 대한 과잉보복, 눈에는 눈, 이에는 이라는 우익의 전략은 명쾌하고 직선적이었으며 그들의 심정에 호소력이 있었다. 1970년대 초부터 이스라엘 인구의 약 60퍼센트는 이미 세파르디 인구가 차지하게 되었다. 그러나 세파르디가 지지한 우익연합의 지도자 대부분은 베긴, 샤미르 같은 아슈케나즈 사람들이다.

3. 팔레스타인인의 탄생

아랍 세계의 이집트 주도력이 쇠퇴하고 이스라엘이 점령지역에서 마음껏 실력행사를 하고 있는 상황은 흩어진 팔레스타인인을 독립된 존재로서 부각시키고 중동 정치무대에 올린다.

팔레스타인인은 어느 아랍 국가도 자신들을 안주시키고 흡수할 의욕도 힘도 없다는 사실을 깨달았다. 지금까지 아랍의 대의를 내걸고 팔레스타인 회복을 위해 투쟁해 준 나라는 이집트였지만 이집트도 재기할 수 없을 정도로 패배에 빠졌다. 어느 곳에도 구원을 기대할 수는 없는 데다가 자신들의 유입을 받아들이지 않는 한 팔레스타인인은 동정을 받고 유엔 구제기관에 빵을 구하면서 언제까지나 구걸할 수는 없었다. 아랍 국가들과 그 지도자들에게 의지하지 않고 무기를 들고 자신들의 존재를 부각시켜 고향을 되찾아야 한다고 결심하였다.

PLO(팔레스타인해방기구)는 1964년에 창립되었지만 6일전쟁 후에는 이집트의 보호에 의존하는 조직에서 투쟁과 행동의 조직으로 변화하였다. 다변가 외교관인 슈케이리가 물러나고 행동력 있는 아라파트가 해방기구의 새로운 수장이 된 것은 이러한 근본적인 변화를 대변하였다.

해방기구의 무장한 활동가들은 페다인, 즉 결사대를 자칭하며 자신들의 사명을 알제리 독립투쟁과 프랑스의 저항 유격대원(파르티잔)의 운명에 비유하여 PLO 재편성에 착수하였다. 팔레스타인 땅에서 시오니즘을 일소하는 것을 자신들의 궁극적인 목표로 내걸었다.

아랍 세계와 이스라엘 간의 분쟁에 팔레스타인인이 하나의 독립체로서 등장한 것은 1967년의 6일전쟁이 초래한 가장 극적인 발전의 하나였다. 사실 팔레스타인인이 단독으로 국민을 형성하려는 생각은 아주 새로운 것이었다. 과거 팔레스타인에 살았던 아랍인은 독립된 공동체 및 국가를 만들려는 희망조차 품지 않았었고 하물며 독립단위를 이룬 적도 없었다. 만약 자신들의 정체성을 선택하라면 팔레스타인보다 좀 더 큰 민족과 종교의 단위, 즉 범아랍 내지는 이슬람 공동체 또는 상황에 따라서는 대시리아의 주민을 자칭했을 것이다. 이스라엘이 성립할 때까지 팔레스타인인이란 영국이 위임통치하 팔레스타인 아랍 주민을 부르던 이름으로, 아랍인 자신이 팔레스타인인이라고 자칭한 적은 없었다. 1948~1967년 사이 팔레스타인 출신 아랍인, 특히 아랍 국가에 흩어져 있던 난민 대다수는 범아랍주의와 나세르주의의 열렬한 지지자였다. 이는 자신들과 아랍인, 시리아인, 요르단인, 이라크인 사이의 차이를 해소하고 아랍 세계에 동화하고자 하는 노력이었다고 볼 수 있다.

고통과 패배의 경험이 방랑하는 팔레스타인인들에게 자신들의 존재를 독립적인 민족, 단일민족이라고 여기는 자연발생적인 심리적 경향을 형성하게 하였다. 이는 19세기 말부터 20세기 초에 걸쳐 동유럽과 러시아의 유대인이 박해와 차별 속에서 살아가면서 자신들의 정체성을 민족의 독립, 보편적인 계급투쟁의 승리에서 찾으면서 시오니스트나 마르크스주의자로 변해 나가는 과정과 비슷하다고 할 수 있다.

팔레스타인의 해방조직은 이스라엘과 유대인을 목표로 한 테러, 습격, 폭파, 납치 등을 저지르며 자신들의 존재를 세계에 과시하였다. 테러는 이스라엘 측의 보복과 테러를 불러와 테러의 끝없는 악순환이 반복되었다. "눈에는 눈, 이에는 이"라는 즉각 보복 전략은 이스라엘의 군사적인 국시로 발전하였다.

팔레스타인의 초기 테러 전략 중 가장 눈에 띄는 사건을 든다면 1972년 5월 이스라엘의 로드 공항에서 발생한 사건이다. 팔레스타인 인민해방전선(PFLP, Popular Front for the Liberation of Palestine)°이 일본 적군파와 손잡고 일으킨 습격사건으로 26명의 사망자와 70명의 부상자를 발생시켰다. 같은 해 9월 무장투쟁 조직인 '검은 9월(Black September)'° 은 뮌헨의 올림픽 선수촌을 습격하여 11명의 이스라엘 선수들을 살해했다.

무장투쟁은 팔레스타인인이 자신들의 존재와 주체성을 외부에 부각시키는 절망적인 전략이었지만, 이것은 이스라엘과의 사이에 긴장을 높이고 아랍 세계에 내전 · 분열 · 대치를 초래하였다.

그 전형적인 예는 요르단과 레바논 간의 내전이다. 두 나라는

° PLO 내 과격파 조직.
° PLO에서 분리된 과격파 극좌 게릴라 조직.

팔레스타인에 인접한 만큼 가장 많은 난민을 받아들였고 난민 캠프가 양국 수도의 교외에 설치되었다. 해방을 꿈꾸는 무장투쟁단이 젊은이들을 중심으로 편성되었는데, 무기를 든 팔레스타인의 청년들은 그들이 도움을 받고 있는 양국에서 마치 실질적인 지배자인 양 행동하기 시작했다. 1970년 5월 요르단에 본거지를 둔 팔레스타인통합사령부는 그 요강에 "이스라엘 주변 아랍 지역도 전투지역에 포함한다"라고 선언하고 "팔레스타인인은 모든 아랍 국가에 대해 완전히 독립적이다"라고 주장하였다. 이러한 독단적인 주장은 요르단 왕국의 주권을 부정하는 것이나 다름없는 내용이었으며, 무장한 팔레스타인인의 오만한 행동에 왕국을 빼앗으려는 거만한 느낌마저 들었다.

한편 왕국 내에서 충돌과 테러가 빈번히 발생하였는데 1970년 9월 초 후세인 왕은 마침내 왕국의 군대 '아랍군단'을 동원하여 팔레스타인 무장단을 진압하기 시작하였다. 요르단 동쪽 사막의 유목민 부족으로 구성된 왕국의 정예군 아랍군단은 왕실에 충성했고 이전부터 서안에 거주하는 팔레스타인인에 대하여 적의를 품고 있었으므로 전투는 잔혹하기 그지없었고 학살은 9월 23일까지 계속되었다. 팔레스타인인을 후방에서 도와주고 무기를 보내준 시리아는 요르단에 전차 부대를 투입하려고 하였으나 이스라엘의 반격을 불러일으킬 수 있으므로 국경에서 철수하였다.

요르단 내에서의 저항은 그쳤고 팔레스타인인의 근거지는 소멸되었다. 후세인 왕과 아라파트는 나세르의 조정을 받아들여 카이로에서 화해의 포옹을 했다.

그후 요르단 왕궁과 팔레스타인 간의 충돌과 테러는 그칠 줄 몰랐고 거의 괴멸되어 가고 있던 해방조직 내에 구성된 비밀 무장단 '검은 9월'은 1971년 11월에 요르단 수상을 암살하는 테러를 저질렀다. '검은 9월'은 1970년 9월 요르단에서 학살당한 팔레스타인인을 기리며 붙인 명칭으로, 1972년 9월 뮌헨의 이스라엘 선수단 학살사건으로 그 불길한 이름은 더욱 악명이 높아졌다.

요르단에서 쫓겨난 팔레스타인인 무장대는 레바논으로 옮겨갔는데 여기서도 자신들을 맞아 준 국가의 질서를 어지럽히는 주범이 되었다. 자신들의 독립성을 강조하는 전횡적인 행동은 대다수의 레바논 시민들로부터 비판을 받았으며, 팔레스타인인이 레바논 남부에 주요 거점을 확립함으로써 레바논 사회의 중추를 차지하는 그리스도교도뿐만 아니라 남부에 사는 시아파 이슬람교도 주민들로부터 적의를 불러일으켰다. 팔레스타인인이 레바논 남부에 주요 거점을 구축한 것은 이스라엘 측의 공격 목표가 되어 레바논 사회에서의 민족 · 종교 공동체의 미묘한 균형을 깨뜨리고 싶지는 않았기 때문이다.

시리아는 레바논 내 다양한 민족 · 종교 공동체가 만들어 낸 균형을 무너뜨리고 자신들의 세력을 침투시켜 과거의 대시리아를 부활하고자 하는 야심을 버리지 않았다. 시리아의 지원과 후방거점을 제공받은 팔레스타인인에게는 더 이상 그리스도교도 공동체가 지배하는 레바논 정부의 권위도 정부와 맺은 각종 합의도

존중할 의사가 없었다.

요르단을 떠나 레바논에 거주한 팔레스타인인 무장단의 활동은 레바논의 온건 그리스도교 사회와 이슬람교 공동체 간의 평화적 공존의 전통을 무참하게 짓밟았고, 1975년 4월 모든 구질서를 파괴하는 레바논내전으로 치닫게 되었다.

4. 이집트의 '개방'

나세르의 뒤를 이어 이집트의 최고 지도자가 된 인물은 나세르의 뒤에서 그다지 부각되지 않던 부통령 사다트였다. 영웅의 죽음과 이집트를 덮친 재난과 민중의 도탄 속에서 법률적 절차로 정상의 자리를 승계한 사다트에 대해서는 중간 공백기를 메우는 과도기적 지도자로 예측되었다.

사다트는 이집트 남부의 농촌 출신으로 사관학교를 나와 나세르와 함께 일찍부터 동료들과 혁명조직을 만들어 반영항쟁을 벌였으며 무슬림동포단 원리주의자의 맹우이기도 하였다. 나세르를 추종하는 정당의 서기장 및 국회의장을 거쳐 부통령에 천거되었는데, 나세르의 그림자에 가려진 이 정치가가 이집트 대통령의 자리에 오르게 될 줄은 아무도 상상하지 못했다.

사다트는 의외로 기략과 전략에 뛰어난 지도자였다. 나세르가 이룬 위업을 반대 방향으로 끌고 나가 이집트를 개방하고 소련에서 벗어나 미국과 가까워졌으며, 이스라엘과 일정한 평화와 친선의 분위기를 만들어 나가려고 했다.

모험은 1971년 5월 취임 초에 친소련파인 알리 사브리(Ali Sabri)와 그 파벌 각료를 체포함으로써 시작되었다. 알리 사브리는 나세르에게 충성을 바친 부관이며 사다트와 함께 부통령이기도 하였다. 기선을 제압하지 못했다면 사다트는 친소련파 군인의 쿠데타로 200일 천하의 대통령으로 끝났을 것이다.

물론 정치투쟁의 결말은 이집트에 무기원조를 한 소련의 기분을 상하게 하였다. 사다트가 이 사건 직후 소련과 우호조약을 맺은 것은 크렘린을 달래기 위한 수단이었는데, 양국 관계는 이때부터 조약과는 반대로 애매하고 냉랭한 관계로 변했다. 사다트는 1년 후인 1972년 7월 1만 5,000명의 소련 군사고문과 기술자들에게 즉각 철수할 것을 명령하고 소련에 빌려 주었던 기지를 이집트군 관리하에 두었다. 소련은 체면을 살리기 위하여 이 터무니없는 결정을 쌍방의 합의에 의한 것이라고 얼버무렸으나, 크렘린이 중동에서 가장 믿었던 맹우로부터 배신을 당한 것은 누가 보아도 분명한 사실이었다. 사다트는 크렘린과 멀어짐과 동시에 미국에 친근감을 보이며 접근하였다.

사다트가 친소련파 그룹을 추방하고 곧바로 착수한 경제정책의 전환도 같은 방향을 지향하였다. 나세르 사회주의와 결별하고 자유경제를 도입하여 사기업을 일으키고 공공부문을 축소하며, 외자도입을 장려하고 무역을 자유화하며, 외국 은행과 기업에 이집트 시장을 개방하는 것이다. 새로운 자유경제노선은 인피타(infitah : 개방)라고 불렸다.

개방은 1973년 가을부터 비약적으로 진전이 있어 이집트에 새로운 계급, 즉 관료 부르주아 · 부농 · 기업가 등을 탄생시켰다. 나세르 통치하의 통제로 질식 상태에 있던 이윤추구가 제한 없이 전개되고 수출입 · 건축 · 부동산 · 은행 · 관광 등의 분야에 대한 투자와 번영이 이루어졌으며, 이와 동시에 부패가 만연해지면서 벼락부자들은 버젓이 부를 과시하며 빈부격차와 불평등이 모습을 드러냈다.

개방경제가 탄생시킨 모든 것을 독이라고 볼 수는 없다. 이집트는 일거에 석유 수출국이 되었고 일부 농공업부문은 성장하였다. 물론 공공부문의 민영화 개혁은 사회적 이유와 기간산업을 운영할 수 있는 능력을 갖춘 민간자본의 부재로 거의 실패하고 말았다.

그러나 이집트의 '개방'은 아랍 세계에 영향을 끼쳐 시리아와 이라크에서도 제한된 규모와 엄중한 국가 통제하에 개방경제가 시도되었다. 이집트의 개방 실험은 후발형 경제구조를 가진 국가들에서 심각한 사회관계의 왜곡과 폭발을 유도하지 않고 갑자기 자유경제를 강행하는 것이 얼마나 어려운지를 보여 주었다. 사다트는 그의 개방 노선을 이룩시키기 위해 서구 자본의 도래를 기대했다. 사다트가 시도한 모든 역진적인 개혁은 나세르주의의 중력으로부터 해방을 지향하였다.

5. 10월전쟁 또는 속죄일의 전쟁

사다트가 나세르주의의 중력에서 벗어나려고 기울인 노력은 이스라엘에 대한 태도에서 가장 잘 드러난다. 그는 나세르의 뒤를 이은 직후인 1970년 12월 이스라엘에 평화를 제창한다. 이집트는 4대국(미국 · 소련 · 영국 · 프랑스)의 보장하에 이스라엘을 승인할 테니 이스라엘은 점령지역에서 철수하며, 팔레스타인 난민 문제가 해결되면 바로 수에즈 운하의 이스라엘 이용을 인정하고 티라 해역의 자유항해를 보장한다는 내용이었다.

제안은 즉시 이스라엘의 거부에 부딪혔지만 사다트가 제시한 의사표시는 대담하였고 아랍 세계의 지도적 위치에 있는 대국의 수뇌로서 이스라엘에게 공공연히 자발적으로 평화의 손길을 내민 것은 처음이었으며, 패배의 좌절감에 괴로워하던 나세르에게는 기대할 수 없는 일이었다. 이 개방이 나세르의 유산을 견지하려는 친소련파 그룹 간 정치투쟁을 심화시킨 점은 앞에서 설명한 바와 같다.

그러나 사다트는 자신의 평화 제창을 처음부터 믿지 않고 시나이 반도 북부 가자 부근의 야미트 지역에 정착촌 건설을 추진하는 이스라엘의 팽창정책 때문에 강경한 자세로 돌변했다. 사다트는 "유대인 정착촌이 하나 늘어날 때마다 나의 머리에 못을 박는 심정이다"라고 말했다.

그는 1971년 강경대결파인 시리아와 리비아의 수뇌를 모이게 하여 연방계획을 밝히고 그해를 '원대한 결정의 해'로 부르면서 "시오니스트의 적과는 평화도 대화도 할 수 없다"라고 선언하였다.

이집트와 이스라엘 간에 간장감이 고조되고 팔레스타인인 결사대는 이스라엘에 테러와 습격을 가함으로써 전쟁의 기운이 높아 갔다. 미국에 등장한 닉슨(Richard Nixon) 대통령의 공화당 정권은 크렘린과 중동 평화에 대하여 논의하였지만, 폐색 상황을 타개하지 못하고 결국 미 · 소 열강이 내건 평화란 양국에 더 많은 무기를 원조하는 결과를 초래했을 뿐이다.

이스라엘에는 수상 골다 메이어(Golda Meir) 여사와 국방장관 다얀 장군이 이끄는 노동당 정부가 등장하였는데 그들은 평화와 대결을 반복하는 사다트의 조삼모사 같은 태도를 신용하지 않았다. 1973년 가을 이스라엘군사정보부는 운하 일대 이집트군의 동정에 대하여 이스라엘 수뇌부에 경고했으나, 수뇌부도 다얀 장군도 이를 무시하고 경계태세를 게을리 하였다. 원래 군을 동원한다는 것은 경제생활을 혼란에 빠뜨리고 비용이 드는 결정이기 때문에 누구든 피하려고 하게 마련이다.

하지만 정보는 점점 불안감을 불러일으켰고 1973년 10월 6일은 유대인의 제일(祭日) 중 하나인 대속죄일이었지만 각의가 열려 긴급동원령을 결정하려는 순간 이집트군이 운하를 넘어 최전선을 돌파하였다는 뉴스가 들어왔다. 제4차 중동전쟁, 소위 10월전쟁 또는 속죄전쟁이 시작된 것이다. 속죄일은 유대인의 생활에서 가장 엄숙한 기도의 날이며 단식은 물론 몸을 청결히 하고 안식하며 일상의 세속적인 일을 해서는 안 되는 신성한 날이다.

1956년의 수에즈전쟁과 1967년의 6일전쟁의 전투는 단 며칠 만에 끝났지만 10월전쟁은 한 달간에 걸쳐 전투가 벌어졌다. 수에즈전쟁과 6일전쟁에서는 이스라엘군이 제공권을 장악하였지만 10월전쟁에서는 이집트의 소련제 미사일이 효과를 발휘하여 이스라엘 공군은 중대한 손실을 입었다.

이스라엘군은 수에즈 운하의 전선에서 시나이 사막 중앙부까지 후퇴한 후 진용을 가다듬고 반격을 가해 운하의 동쪽 거점을 탈환한 이집트군에 대한 중앙 돌파에 성공하였을 뿐만 아니라 샤론(Ariel Sharon) 장군의 전차사단은 군령을 무시하고 운하의 서쪽 일부를 점거하였다. 골란 고원에서는 시리아군을 물리치고 시리아의 수도 다마스쿠스에서 50킬로미터 떨어진 지점까지 반격하였다. 그리고 10월 22일에는 미 · 소 협조하에 유엔 안전보장이사회가 쌍방에 전투 정지를 명령하는 결의 제388호를 채택하였다.

이집트와 이스라엘은 유엔의 결의를 수락했으나 반격의 승리를 방해한다고 생각한 샤론 장군은 유엔의 정전명령을 무시하고 이집트군의 포위작전을 강행하였다. 이에 분노한 소련의 브레즈네프(Leonid Brezhnev)는 정전을 준수하게 하기 위해 소련군을 운하지대에 파견한다고 위협했다. 닉슨도 소련의 위협에 대응하여 미국의 출동준비태세를 명령하였다. 미 · 소 양국이 대결 직전 상황에 이른 것은 쿠바 위기 이후 11년 만이었다.

다행히 정전은 성립하였고 5대국을 제외한 유엔군이 이집트에

도착하여 화해에 힘썼다. 사다트의 제창에 따라 미 · 소가 주최하고 유엔이 주선하여 이집트, 이스라엘, 요르단이 처음 참가한 중동 평화회의가 1973년 12월 제네바에서 열렸다. 평화회의는 단 하루 만에 결렬되었지만 이는 10월전쟁의 종막을 알리는 계기가 되었고, 동시에 전쟁 처리를 통해 미국과 이집트가 가까워졌으며, 중동 평화의 주도권이 독점적으로 미국의 손에 넘어가 키신저(Henry Alfred Kissinger) 협상 외교의 화려한 전개가 시작되는 계기가 되었다.

속죄일전쟁 또는 10월전쟁은 군사적으로 보면 후반에 있었던 이스라엘의 반격이 성공을 거둔 점에서 이집트의 승리라고 말할 수는 없지만, 제3차 중동전쟁(1967)까지 패배를 거듭해 온 이집트로서는 종전단계에서 이스라엘의 불패 신화를 깨뜨려 자국민에게 자긍심과 자신감을 안겨 주었으며 이를 계기로 이스라엘과 동등하게 논의할 수 있는 국제적 위신을 갖게 되었다. 보복의 성공은 아랍 세계와 이집트에서의 사다트의 지위를 굳건하게 만들었다. 그때까지는 금기로 여기던 미국과의 접촉에 대해 이제 아무도 비난하지 않았다. 사다트는 오래된 친구인 소련을 버리고 새로 미국과 친구가 되었다고 공언하였고 키신저 국무장관에 의한 조정 공작의 열렬한 후원자가 되었다.

이스라엘 내에서는 전쟁태세의 미비와 태만을 추궁하는 논쟁이 일어나 총리 골다 메이어 여사와 다얀 장군이 정치무대에서 퇴진한 점을 상기하면 사다트는 불세출의 영웅 나세르의 계승자로서 전쟁의 정치적 승리자였다고 평가해도 과언이 아니다.

평범한 인물로 평가받던 사다트는 위대한 자질을 감추고 있었던 것이다. 그는 정치적 승리를 화해의 방향으로 승화시키고자 하였다. 이는 아랍 세계의 정치 지도자뿐만 아니라 민중의 통념과 상식을 뛰어넘어 분노와 비난을 불러일으킬 수도 있는 모험이었다.

6. 석유 위기 속의 '혁명'

10월전쟁은 세계 경제 질서에 하나의 '혁명'을 가져왔다. 선진공업국에서 오일 쇼크라고 부르는 사건이다.

전쟁 후반 이스라엘이 반격에 나선 단계에서 아랍 산유국들은 쿠웨이트에 모여 원유가격의 75퍼센트 인상과 생산량 축소 그리고 이스라엘을 돕는 서방 국가들에 대한 금수조치를 결정하였다. 이러한 불의의 결정은 에너지를 석유에 의존해 온 선진국들의 정치와 경제구조를 위협하는 일대 사건이었다. 평균 공시가격이 1배럴당 3달러이던 원유는 일거에 20달러로 급등했다가 11.5달러로 떨어졌다.

자국 내 생산과 라틴아메리카산 석유에 의존할 수 있는 미국으로서는 그리 큰일이 아니었지만, 대다수의 산업국은 에너지 절약과 실업률 및 인플레이션에 직면하게 되었다. 제3세계 국가들도 비싼 석유를 사기 위해 경제발전계획을 늦추지 않을 수 없었다. 석유 공황은 제2차 세계대전 후 당연한 것으로 받아들여 온 값싼 석유에 의존해 성립된 경제생활에 개혁을 촉구하게 된 큰 사건이었다.

석유 위기를 계기로 세계 석유 경제체계에 하나의 '혁명'이 실현된 것이다. 즉 산유국이 10월전쟁을 통해 원유가격을 인상했을 뿐만 아니라 가격과 생산고에 대한 결정권을 세븐 시스터즈° 혹은 메이저로 불리는 서방의 거대 석유회사로부터 거두어들인 것이다.

원래 아랍 산유국의 석유 전략이 이때 시작된 것은 아니다. 서방의 석유 자본과 정부는 지하자원의 주권, 원유 생산고 및 가격 결정권, 이익분배 등을 둘러싸고 이전부터 산유국들의 도전을 받고 있었다.

석유 생산은 제2차 세계대전 후 5억 톤이던 것이 1970년대 초에는 23억 톤에 도달하였고 유럽과 일본의 경제성장으로 중동 석유에 대한 의존도는 더욱 심화되었다. 중동산 석유가 세계 시장에서 차지하는 비중은 17퍼센트에서 30퍼센트 이상으로 상승하였다.

1950년대부터 중동 산유국과 국제 석유 자본 간에는 이익 절반의 원칙이 있었는데 개발과 생산, 정제와 수송, 시장과 유통의 독

° 제2차 세계대전 이후부터 1960년 OPEC가 발족되기 이전까지 세계 석유 시장을 장악하고 석유 생산을 독점하고 있던 7개사. 이 7개사는 엑슨, 모빌, 텍사코, 스탠다드 캘리포니아, 걸프, 브리티시페트롤리엄, 로열더취셸이다.

점적 영향력을 메이저 7개사가 장악하고 있었다. 이들은 카르텔을 통해 생산량을 결정하거나 생산량을 할당했으며 가격을 일방적으로 정하여 큰 이익을 올렸고 산유국이 향유할 이익분배뿐 아니라 산유국의 정치까지 통제하고 좌우하는 힘을 갖고 있었다.

산유국 측은 세븐 시스터즈 카르텔 패권에 대항하여 1960년 9월 산유국 카르텔을 조직하고 OPEC(Organization of Petroleum Exporting Countries)라는 약칭으로 유명한 석유수출국기구를 탄생시켰다. 나아가 아랍 산유국 11개국은 OPEC를 보완하는 아랍석유수출국기구(OAPEC, Organization of Arab Petroleum Exporting Countries)를 1968년 1월에 설립하였다. 산유국의 요구는 국제석유회사와의 공정한 이익분배, 이권료와 사용료 인상을 비롯해 중역회의 및 자본에의 참여였다. 산유국 카르텔의 출현은 이러한 요구를 실현하기 위한 무기가 되었다. 세븐 시스터즈 카르텔은 이란의 국유화 사건의 악몽을 잊지 않았기에 국유화를 피하기 위해 이익분배, 사용료 인상에서 자본 참여에 이르기까지 서서히 양보를 거듭하였다.

1970년대 초에는 리비아와 알제리에서 석유 국유화가 선언되었는데 석유 자산의 장악이 곧바로 생산과 가격결정의 지배권 획득을 의미하는 것은 아니다. 생산과 가격을 좌우하는 힘이 없으면 자산 장악의 선언은 정치적인 의미 이외의 효과가 없었다.

10월전쟁을 계기로 아랍 산유국 동맹이 선진국에 대한 도전을 시도한 '석유 전쟁'은 산유국 진영이 가격과 생산량 결정권의 일부를 세븐 시스터즈로부터 획득한 획기적인 일이었다.

이 혁명은 1973년 이후 세계에 여러 가지 심각한 후유증을 초래하였지만 여기서는 세 가지만 설명하기로 한다.

첫째, 선진공업국은 오일 쇼크에서 회복하자 곧바로 석유 이외의 에너지 자원 개발에 착수하였다. 그중에서도 현저한 것은 원자력이지만 비용과 안전 면에서 언제쯤 석유를 대체할 정도의 주요 원료가 될 수 있는지는 예측하기 어렵다. 앞으로 2~3세대에 걸쳐 석유가 중요 연료의 위치를 차지한다면 지하와 해저에 세계 매장량의 60퍼센트 이상이 매장된 것으로 알려진 중동은 국제 정치의 운명을 좌우하는 지역으로 남을 것이다.

둘째, 석유 전략의 성공은 곧바로 팔레스타인 문제에 큰 영향을 미쳤다. 선진공업국뿐만 아니라 제3세계 국가들이 귀중한 연료를 압도적으로 독점하고 있는 아랍 세계의 잠재력을 인식한 것은 아랍 세계가 주장하는 팔레스타인인의 권리회복 요구와 그 요구를 대표하는 PLO의 위신에 유리하게 작용했다.

1974년 10월 모로코의 수도 라바트(Rabat)에서 열린 아랍 정상회의는 PLO를 '(장래의) 팔레스타인 해방지역 주민의 유일하고 정통한 대표자'로서 승인하였다. 또한 유엔 총회는 같은 해 11월 13일 아라파트 PLO 의장을 초대하여 연설을 듣고 팔레스타인인의 독립과 주권을 인정하고 나아가 "PLO에게 유엔 옵서버의 자격을 부여한다"라는 두 가지 결의를 채택하였다. PLO의 권위와 기세가 높아져 이스라엘을 외톨이로 만들고 유엔 총회가 '시오니즘은 인종 차별주의의 한 형태'라고 비난하는 결의를 통과시킬 정도였다.

셋째, 석유의 부와 산유국 카르텔의 승리는 아랍 세계에 자동적으로 행복을 가져다 주는 것이 아니라 가진 자와 못 가진 자 간의 대치와 투쟁, 질투와 반목을 불러일으키는 위험한 연료임을 얼마 가지 않아 깨닫게 되었다.

원유가격의 급등으로 아랍의 왕국과 수장국에 유입된 오일 달러는 손에 꼽을 만큼 소수의 지배자 일족에게 분배되어 주체할 수 없는 부를 갖게 된 왕족과 특권층은 발전과 개발을 위한 공공투자 및 빈곤구제보다 오직 서구 시장과 기업에 재정 투자하는 길을 택했다.

아라비아 반도의 석유 왕족들이 1974년부터 10년간 서구의 선진국에 투자한 오일 달러 총액은 3,500억 달러에 달하며 이 가운데 미국에 투자된 액수만 해도 무려 2,500억 달러에 달했다. 이는 미국이 중동, 특히 아라비아 석유 왕국의 정치적 동향에 더 이상 무관심할 수는 없는 상황에 이르렀음을 말해 주고 있다.

석유 왕국의 부패한 지배자들은 그들의 수중에 거대한 부를 독점하고 '석유 전쟁'으로 더욱 부를 축적하면서 국내 민중생활의 향상보다는 외국 시장에 대한 재정 투기에 광분하였다. 석유의 부가 산유국의 사회뿐만 아니라 아랍 세계에도 공정하게 분배되지 않는 현실에 대한 분노는 아랍 세계를 분열시켰다. 그리고 분노의 폭발은 1990년 걸프전쟁 때 최악의 상황으로 나타났다.

7. 캠프 데이비드 합의

사다트는 10월전쟁에서 '승리'를 거둔 뒤 나세르 이후 지속되어 온 소련과의 특수 관계를 청산하고 미국에 접근하였다. 그는 자신이 체결했던 소련과의 우호조약을 파기하고 소련 해군에 부여한 기항권을 취소했으며, 소련 무기에 대한 지불금 15억 달러의 동결을 일방적으로 선언함으로써 크렘린을 자극했다. 다른 한편으로는 키신저 국무장관과의 개인적 친교를 돈독히 하고 중재에 적극적으로 협력하였다. 키신저는 워싱턴을 한 달이나 비워두고 중동에서 거의 날마다 이집트와 이스라엘을 왕복하며 이스라엘군이 시나이 반도에서 단계적으로 철수하는 협정을 체결하였다. 왕복외교 성공의 요인은 유대인계 외교관의 지모와 이집트 지도자의 남국적인 기질이 조화를 이루었기 때문이다.

그러나 크렘린과 단절함으로써 자동적으로 미국과 우방이 될 수는 없었다. 원래 미국과 이스라엘의 특수한 관계는 이집트와 소련의 관계와는 비교할 수 없을 정도로 깊고 오래되었기 때문이다.

미국은 지미 카터(Jimmy Carter) 대통령이 이끄는 민주당이 정권을 잡게 되면서 사다트의 '내 친구 키신저'는 퇴장하였다. 민주당은 유대인 공동체와 그들의 강력한 로비의 영향하에 있었고 전통적으로 민주당 정권의 중동 정책은 공화당보다 이스라엘의 이익을 옹호하는 방향이었으므로 사다트에게는 불리했다.

또한 이스라엘은 전쟁의 실패와 유대인의 정의를 둘러싼 대논쟁으로 메이어 여사 정권이 붕괴되고 1975년 5월에 실시된 총선거에서 이 나라의 정치를 30년간 장악해 온 노동당 정권이 무너졌으며, 우익과 종교 세력이 연합한 메나헴 베긴 총리가 정권에 등장하는 사태가 발생하였다.

베긴은 이스라엘 건국 전 반영투쟁을 통해 영국군 사령부의 킹 데이비드 호텔(예루살렘)을 폭파하고 아랍 농민을 학살한 데이르 야신의 테러 조직 이르군(I. Z. L., Irgun Zvai Leumi)의 지도자로 알려진 인물이다. 이르군은 후에 헤루트당(Herut : 자유당)으로 개칭하고 우익정당과 연합하여 리쿠드라는 우익연합을 형성한다. 이러한 인물이 총리 자리에 오르자마자 '요르단강 서안은 점령지역이 아니라 에레츠 이스라엘의 해방된 일부'라고 주장하며, 점령지역의 식민정책을 지금까지보다 훨씬 빠르게 대규모로 강행함으로써 상황을 급전시켰다.

그 어떤 아랍 지도자도 이스라엘의 열광적인 초국가주의자와의 대화를 시도하지 않았다. 그러나 놀랍게도 생각지 못한 모험을 하려는 인물이 등장했다. 사다트의 경제개방은 심각한 모순을 드러냈다. 빈부격차는 더욱 심각해졌고 식량인 밀가루의 절반 이상을 수입에 의존하며 30년간 억눌러 온 빵의 가격을 인상한 것이 1977년 1월 카이로와 알렉산드리아에 폭동을 불러일으켰다. 3일간의 폭동으로 150명이 넘는 시민이 경찰과의 충돌에서 사망했다. 사다트 부처와 그 주변 인물들의 서구식 생활 스타일에 반발한 대학생들의 운동도 자주 발생하였다. 개방 노선에 대한 거부

반응은 이 정책이 사회적 불평등을 극도로 심화시켰기 때문에 발생한 것이었는데, 이집트 민중은 무차별적인 소비사회의 도래 속에 자신들이 무시당하고 소외되고 있다고 느끼고 저항했다.

사다트는 원래 극적인 연기를 좋아하는 기질이었지만 그가 시도한 연기는 사면초가의 난관을 돌파하려는 도박이기도 하였다. 사다트가 1977년 11월 9일 국회연설에서 "이스라엘과의 평화를 위해서는 땅 끝까지 찾아간다. 경우에 따라서는 예루살렘의 이스라엘 의회에 호소하러 가는 것도 마다하지 않겠다"라고 말했을 때 누구도 그 말의 의미를 몰랐다. 그런데 사다트의 희망을 어떻게 생각하느냐는 질문을 받은 베긴이 "이집트의 지도자를 기꺼이 환영하겠다"라고 대답한 순간 상상도 못했던 '기적'은 현실이 되었다.

사다트는 11월 19일 카이로에서 이스라엘로 향했다. 전후 중동의 30년 전쟁사에 있어 '있을 수 없는 일'로 여겼던 순간이었으며 세계 전역에 방영된 사건이다. 사다트는 유대인 무명전사의 묘를 참배하고 예루살렘의 알아크사 사원을 방문하여 기도를 올린 다음 이스라엘 의회에서 연설했다. 사다트의 연설은 그의 종래의 주장(이스라엘 점령지역에서의 철수와 팔레스타인인의 자결권 보장)을 되풀이한 것이었지만, 그가 유대인 국가를 찾아와 국가적 존재를 승인하고 평화적 주도권에 부응하는 이스라엘 지도자들의 적극적인 대응을 촉구한 것은 사다트의 용기를 극적으로 부각시켰다. 그러나 베긴은 사다트와 비교할 수 있을 정도의 용기와 이니셔티브를 갖고 있지 못했다.

요르단 · 수단 · 모로코를 제외한 대다수의 아랍 국가가 사다트의 독주를 막으려 하였다. 사다트가 카이로에 돌아오자 영웅이 귀환한 것처럼 갈채를 받았지만 한편으로는 암살당하지 않을까 하는 불안이 깊어졌다. 팔레스타인인은 배신당한 기분으로 사다트의 예루살렘 방문에 분노를 감추지 못했다. 이집트 내에서는 마르크스주의 좌익과 이슬람 우익이 평화를 외치는 사다트에게 가장 비판적이었다. 미국의 카터 대통령은 의표를 찔린 듯한 표정으로 사다트의 행동에 지지를 보냈다.

사다트를 비난하는 시리아 · 리비아 · 이라크 · 남예멘 같은 아랍 세계의 급진파 국가들과 PLO는 이집트의 배신을 탄핵하는 '거절 전선'을 형성하였고, 이집트에 원조와 투자를 해온 석유 왕국은 자금의 흐름을 끊었다. 사면초가인 사다트는 아랍 세계에서 고립된다고 해도 이스라엘과의 평화를 추구한다는 결심을 다시 한 번 표명한다.

이윽고 사다트는 그가 예루살렘에서 받은 환영에도 불구하고 상대방 베긴의 비협조적인 자세를 조금도 뒤흔들지 못했다는 사실을 발견하게 된다. 베긴은 시나이 반도에서의 군사 철수에 응하지 않았을 뿐만 아니라 시나이 반도와 요르단강 서안에서 새로운 식민정책을 계속해서 펼쳐 나갔다. 그는 서안의 '자치'에 대해 언급하였지만 이것은 점령하 주민에게 실시되는 자치였을 뿐이다.

원래 베긴은 서안과 가자를 점령지역이 아니라 전쟁으로 되찾은 유대 민족 땅의 일부라고 믿는 인물이었다. 사다트가 이상주의적 낭만주의자로서 팔레스타인의 장래에 임했다면, 베긴은 시장의 상인처럼 조잡한 술수로 대응하였다.

미국은 이집트와 이스라엘의 잠정적 평화가 부패해 가는 것을 바라보고만 있을 수는 없었다. 아랍 세계와 이스라엘 간에 또다시 전쟁이 발발한다면, 그것은 더욱 파괴적이며 서구 경제에서의 중동 석유 의존도가 높아져 미국 역시 그 영향에서 벗어날 수 없기 때문이었다. 이집트에게 외면당한 소련은 시리아 · 이라크 · 리비아 · 에티오피아 · 남예멘 등 '거절 전선의 나라들', 그리고 아프가니스탄에 다양한 원조를 함으로써 그 거점을 옮기려는 노력을 소홀히 하지 않았다.

카터 대통령은 직접 중동으로 건너가 키신저에게 배운 왕복 외교를 전개하면서 1978년 9월 메릴랜드주의 캠프 데이비드로 이집트와 이스라엘 지도자를 불러 12일간에 걸쳐 무릎을 맞대고 담판을 계속했다.

이 담판을 통해 두 개의 문서가 탄생했다. 하나는 '이집트와 이스라엘 평화조약 체결을 위한 지침'이고, 다른 하나는 '중동 평화를 위한 지침'이었다. 전자는 양국이 3개월 이내에 평화조약을 체결하고 이집트와 시나이 반도 전역의 주권을 회복하며 이스라엘군은 조약 조인으로부터 9개월 이내에 시나이 반도에서 철수한다는 내용이었다. 이에 반해 팔레스타인 문제의 항구적 해결을 위한 협정인 후자의 내용은 애매하였는데, 이스라엘은 과도기간 5년 내에 점령지역(요르단강 서안과 가자)의 주민에게 광범위한 행정자치권을 부여하고 이 기간에 이 지역의 최종 지위를 확정짓기로 하며, 확정에는 요르단이 참여하기로 하고, 이스라엘군은 이 기간 중 계속 주둔하나 유대 식민정책을 정지한다는 것이었다.

두 협정은 유엔 결의 제242호를 존중하고 예루살렘 구시가지(이스라엘 점령하 동부 지구)의 지위 결정에 대해서는 문서교환으로 협의한다는 두 조항에 의해 보완되었다.

이스라엘 점령 지역(가자 지구 및 예리코 등 서안의 7개 도시는 팔레스타인 자치 정부의 행정하에 놓인다)

지도 6. 팔레스타인(1997)

이것들의 명료한 약점은 평화조약과 팔레스타인 평화 절차 간에 아무 관련이 없다는 점이었다. 사다트의 이스라엘 방문에서 캠프 데이비드까지 평화를 위한 각고의 노력이 있었다. 어쨌든 이집트와 이스라엘의 평화조약은 1979년 3월 26일 워싱턴에서 미국 대통령을 보증인으로 사다트와 베긴 두 사람 사이에 조인되었다.

그러나 팔레스타인과 관련한 협정은 얼마 되지 않아 의견충돌이 발생하면서 암담해졌다. 베긴 정부는 점령지역에 대한 입주를 중단하지 않았을 뿐만 아니라 그가 생각하는 자치권이란 '이스라엘 통제하에서의 주민 자치'라며 터무니없는 주장을 했던 것이다.

원래 캠프 데이비드 협정은 평화를 위한 연출과 무대효과에도 불구하고 위선이 감추어져 있었다. 세 당사자 중 두 명의 위선은 분명했다.

카터는 팔레스타인의 운명에 대해서는 2차적인 관심밖에 없었고 오히려 이집트와 이스라엘의 평화조약을 실현하는 것이 자신의 정치 경력에 중대한 이득이 될 것으로 생각했다.

시오니스트 중에서 가장 비타협적인 베긴이 팔레스타인인의 광범위한 자치에 대해 이야기하는 것은 처음부터 기대할 수 없는 일이었다. 베긴과 그 우익세력의 최대 관심은 이스라엘에 거주하는 아랍인 60만 명, 점령지역에 거주하는 아랍인 130만 명, 모두 약 200만 명(출생률 3.5퍼센트)에 대해 약 300만 명(출생률 1.8퍼센트)의 유대인이 얼마나 굳건하고 영속적인 지배를 할 수 있을 것인지에 있었고 그 밖의 것에는 별다른 의미가 없었다. 이제는 '식민지주의'라는 말을 사용할 수 없었기에 다른 표현으로 모면하고자 한 것이다. 총론에 찬성한 후 각론에 각종 장애 장치를 숨겨 놓아 총론의 효과를 뒤집으려는 전략이었다.

사다트의 심정은 복잡했고 평화를 위한 최초의 주도권을 쥔 사람은 그 자신인 만큼 미지의 땅을 돌파하려고 생각하였을 것이다. 이집트는 아랍 세계에서 이미 고립무원의 상태에 놓여 과거 우호적이었던 아랍국들과는 외교

1979년 5월 사다트 대통령(가운데) 전용기 안의 무바라크 부통령(왼쪽), 베긴(오른쪽) 이스라엘 총리

관계가 단절되었고 카이로에 있던 아랍연맹 본부는 튀니지로 옮겨 갔다. 석유 수장국들로부터의 재정원조는 중단되었으며 아랍 석유수출국기구로부터 제명되는 등 고립은 날로 심화되었다.

사다트는 팔레스타인 평화를 구축하는 데 베긴이 확실한 협력자로서 믿을 수 있는 존재가 아니라 오히려 평화를 방해하는 인물이라는 것을 잘 알고 있었으나, 베긴이 영원히 이스라엘의 정치권력을 대표하는 인물은 아니라고 생각했을 것이다. 사다트의 방문은 이스라엘 시민 사이에 평화를 위한 시민운동을 불러일으키고 식민정책에 반대하여 다얀 외무장관이 베긴에게 사표를 내는 사건이 발생할 정도였기 때문이다.

아랍 세계의 급진적인 '거절 전선'의 국가들은 사다트가 제국주의에 몸을 팔았을 뿐만 아니라 이스라엘의 술책에 놀아났다고 조롱하였다. 팔레스타인인, 특히 PLO는 정의와 자결권을 바라는

그들의 요구를 짓밟고 사다트가 이스라엘 점령지역의 장래에 대하여 '항복'한 것은 용서할 수 없다고 분개했다.

고립된 사다트에게 '위선'이 있었다면 다음과 같은 점을 둘러싼 의도였을 것이다.

"지금까지 네 차례에 걸친 중동전쟁을 통해 이스라엘과 정면으로 싸워 많은 희생을 치른 것은 이집트였다. 따라서 이집트는 팔레스타인인을 대표하여 적과 담판할 권리를 갖고 있으며, 추호도 팔레스타인인의 권리를 무시한 적은 없다. 이집트를 비난하며 돌을 던지고 싶은 자는 던져도 좋다. 이집트가 백년전쟁의 영원한 주역을 해야 한다는 의무는 그 어디에도 없다."

8. 레바논의 모자이크 형상

레바논은 오리엔트 지역의 여러 민족과 종교, 민속이 어울린 박물관 같은 나라였다. 중동으로부터 중앙아시아에 흩어져 있는 다양한 민족과 종교에 대하여 알고 싶으면 레바논을 찾아가는 것이 최선의 방법이다.

아름다운 자연과 인간의 박물관을 완전히 파괴하고 지상에서 말살하는 내란이 발생한 것은 1975년 4월 13일이다. 수도 베이루트 교외에서 팔레스타인인을 태운 허름한 버스를 그리스도교 민병대가 덮쳐 학살한 사건은 이 작은 나라가 끝없는 고통의 나락으로 떨어지는 서막이 되었다.

원래 팔레스타인인 난민과 그리스도교도 간의 충돌은 이 순간에 시작된 것은 아니며 수년 전부터 싹트고 있었다. 팔레스타인인과 해방조직이 요르단 왕국에서 쫓겨나 레바논에 임시거처를 구해야 했던 때부터 발단되었다. 그것은 팔레스타인 난민에게 아무런 행복도 가져다 주지 못하는 비참한 곳이었으며, 난민을 받아들인 레바논 사회로서는 자신들의 수백 년간의 행복을 앗아 가는 폭발물 같은 것이었다. 팔레스타인인은 가난한 은신처를 참지 못하고 무장한 채 레바논 교외와 이스라엘 국경 부근의 남부 레바논 일대에 근거지를 마련하고 그곳에서 이스라엘로 게릴라 결사대를 파견하였기 때문이다.

레바논을 파괴와 황폐의 지옥으로 이끈 원인을 두 가지 들 수 있다.

첫째는 말할 나위 없이 팔레스타인인과 이스라엘 간의 직접 대결이다. 이집트가 아랍 세계 진영의 선두에서 물러선 것은 팔레스타인 해방운동과 이스라엘이 정면충돌하는 결과를 초래하였다.

둘째는 레바논의 그리스도교도, 특히 이 나라에서 오래전부터 살아오며 지배를 계속해 온 아랍인 그리스도교도인 마론파 (Maronites)● 공동체가 그 한계를 인식하지 못하고 영구한 패권을

● 마론파는 5세기 초에 동로마제국 내부의 그리스도교 본성을 둘러싼 교의논쟁으로 분열한 일파로 수도 성인인 마론을 시조로 한다. 레바논 산중에 공동체를 만

꿈꾼 것이다. 과거의 영광에 심취한 환상은 자기 과신을 낳고 이 나라에서 일어나는 변화를 방관한 채 자살 행위와 같은 투쟁에 빠져 들었다.

오늘날 레바논이라고 부르는 지역은 16세기 이후 오스만투르크 제국의 판도에 편입되어 있었는데 비교적 폭넓은 자치권이 인정되었고 지중해를 마주보고 푸른 초원과 눈 덮인 산에 둘러싸인 행복한 나라였다. 간접 지배가 이루어진 한 가지 이유는 이 나라에 동방그리스도교의 모든 종파와, 이슬람에서는 수니파와 시아파뿐만 아니라 시아파 중 이단파에서 그리스도교와의 혼합파까지 문자 그대로 모자이크처럼 모여 있었기 때문이다. 터키의 술탄은 이 지역에 대관(代官)을 파견했지만 술탄의 직접 지배를 실행하기에는 힘겨운 모자이크 형상이었다.

다양한 종파공동체 중에서도 고지에 사는 그리스도교 마론파 사회와 이슬람 시아 이단파 드루즈족은 중세부터 레바논에 군림한 대수장 왕조를 배출한 만큼 가장 세력이 강했고 경쟁관계에

들고 페르시아와 아랍인의 침입과 싸우며 십자군 시대부터 로마교황의 권위를 인정하고 바티칸 관리하에 들어갔다. 레바논에 약 120만, 해외에 약 400만의 신도가 있다. 드루즈족은 이슬람 이단 중에서도 이단으로 알려져 있고 윤회전생을 믿는다. 11세기 이집트의 파티마 왕조 칼리프가 다라지라는 신학자의 설교를 받아들이면서 분열되기 시작했다. 레바논 인구의 약 10퍼센트에 못 미치는 소수이면서도 중요한 위치를 차지하고 있는 까닭은 12~16세기에 걸쳐 이 땅에 군림해 온 왕가를 배출했기 때문이다. 드루즈족은 오늘날 레바논 · 시리아 · 이스라엘에 산재해 있다.

있었다. 또한 모든 종파공동체는 사병을 보유하고 그들의 지위를 지키고 있었다.

그리스도교 마론파는 레바논의 특수한 상황에서 가능한 존재였다. 마론파는 동방그리스도교 교회의 수많은 이단파 중에서도 오래되고 독특한 역사를 갖고 있는 종파로, 7세기경 박해를 피해 레바논 산중으로 도피한 것이 그 발단이 되었다. 유럽에서 십자군이 오면 그들의 편이 되어 이스라엘군과 싸웠고, 동방교회의 제식과 의례를 따르며 유럽의 바티칸에 귀속되었다.

마론파 공동체가 발전하여 드루즈족이 사는 일대에 흩어져 살게 되면서 크고 작은 다툼이 발생했고, 1860년에는 농민봉기를 계기로 공동체 간의 전쟁이 되었다. 무기를 지원받은 드루즈족이 마론파 교도 학살에 나서 이때 약 1만 2,000명의 그리스도교도가 살해당했다. 프랑스의 나폴레옹 3세는 군대를 보내 질서를 회복하고 레바논의 그리스도교 사회를 보호하는 어머니 역할을 자처했다.

오스만투르크 제국은 서구 열강의 요구를 받아들여 레바논의 자치공화국 수립에 동의했고, 총독에는 그리스도교도가 임명되었다. 이때의 자치공화국은 오늘날 레바논의 약 절반 정도 면적으로 베이루트, 시돈(아랍어로는 사이다), 트리폴리 등의 항구는 제외되었다. 터키로부터 해방된 레바논 그리스도교도 사회는 유럽과 교류를 쌓아 가면서 해외로 나가 축적한 부를 국내에 환원하여 경제력을 키웠고, 서구의 선교사들이 이곳에 학교와 병원을 세웠다. 그리스도교도 공동체는 19세기 후반부터 경제 · 정치 · 문화부문에서 이슬람 공동체를 뛰어넘는 우위를 차지했다.

레바논 산(山)의 자치는 제1차 세계대전까지 계속되었고 대전 후에 국제연맹이 시리아와 레바논을 점거한 프랑스에 위임통치권을 부여한 것은 이 지역에 대한 프랑스의 영향력을 인정했기 때문이다. 다만 국제연맹이 프랑스의 위임통치를 인정한 레바논은 레바논 산뿐만 아니라 대레바논이었다. 대레바논은 오늘날의 레바논 국토에 해당된다. 마론파 사회는 터키 지배 시대의 자치지역에 항구가 포함되어 있지 않은 점에 불만을 품고 어머니 역할을 하는 프랑스를 부추겨 영역을 넓히는 데 성공했다.

이 팽창정책은 결국 내분에 각종 알력을 만드는 불씨가 되었다. 레바논 산은 오직 마론파 신도가 살던 영역이었는데 대레바논이 되면 숙적 드루즈족뿐만 아니라 유력한 다수의 이슬람 공동체가 존재한다. 팽창은 시리아가 갖고 있던 전통적인 영토를 축소시키고 손실을 초래했기 때문에 시리아의 정치지도자들이 불만을 품는 결과가 되었다.

그러나 근대 레바논의 등장이 마론파 사회로부터 많은 것을 힘입고 있는 것은 사실이다. 프랑스의 비호하에 유력한 부르주아가 탄생하고 이슬람을 신봉하는 중동 아랍 세계의 망망대해에서 그리스도교도가 우위를 점하는 다문화 공존지역으로서 레바논은 중동 속의 독자적 위치를 차지하였다.

제2차 세계대전이 한창이던 1943년 11월 레바논은 독립하였고 그리스도교와 이슬람 공동체의 대표자에 의한 국민협약이 성립했다. 협약은 마론파 유력자와 이슬람 수니파 수장 사이의 합의에 지나지 않았으나, 각종 종파공동체의 세력균형을 기초로 국가의 골격을 세우는 원칙이 성립되었다. 이를테면 대통령은 그리스도교 마론파에서, 총리는 이슬람 수니파에서, 국회의장은 이슬람 시아파에서, 군의 최고 사령관은 마론파에서 내세우기로 했고 이에 준하여 종파공동체의 공존을 원칙으로 하여 행정조직의 배분이 정해졌다. 각파 공동체의 세력평정은 1930년대에 실시된 인구조사를 기초로 하여 이루어졌다.

이와 같은 행정 요직의 배분에서 마론파는 압도적인 우위를 차지했다. 대통령 자리는 마론파의 유력 수장이 교대로 독점하는 특권이었으며 군 참모부에서 경제, 문화, 금융 등에 이르기까지 마론파의 독무대였다. 나아가 마론파는 팔랑주(Phalange)라는 정당을 조직하고 사병까지 두었다. 팔랑주란 고대 그리스(스파르타)의 보병대를 가리키는 말이다.

팔랑주당은 '신과 가족과 국가'라는 깃발을 내걸고 어떠한 형태로든 레바논이 시리아에 통합되는 것은 거부했다. 왜냐하면 마론파 교도는 고대 페니키아인의 후예이며 아라비아 사막에서 온 아랍인은 아니기 때문에 시리아인과는 신앙, 관습, 역사가 다른 독자적인 존재라고 믿었기 때문이다.

마론파 그리스도교도의 엘리트들은 일찍부터 유럽과 교류가 있었기에 그들의 감수성은 아랍적이기보다는 서구적이었다. 팔랑주당에는 마론파 신도의 약 80퍼센트가 참여하여 정치적인 조직임과 동시에 규율이 엄격한 군사 그룹을 형성했다. 타 종파공동체의 정치와 군사그룹이 대지주인 수장 일족을 핵심으로 형성된 봉건적 색채가 강한 당파인 데 비해, 팔랑주당은 피라미드 형태로 조직된 고도의 규율을 갖춘 '근대형' 정치 그룹이었다고 말할 수 있다.

9. 레바논내전

1975년 4월 13일에 일어난 팔랑주당 사병단에 의한 팔레스타인 난민 습격사건이 없었더라도 레바논내전은 언젠가는 다른 원인으로 발생하였을 것이다. 팔랑주당은 팔레스타인 난민과 PLO 무장단의 유입으로 레바논이라는 나라의 기본 성격, 즉 레바논을 레바논답게 만들어 주었다고 믿는 마론파 그리스도교 공동체의 우월한 지배가 무너지는 것을 느끼고 국가를 대신해 자신들이 레바논을 구하지 않으면 안 된다는 사명감에 불타고 있었다.

팔레스타인인은 레바논의 수도 베이루트에서도 이미 인구와 전투능력에서 우위에 있었고 레바논의 이슬람 좌익세력과 손을 잡고 이슬람 진보파를 형성하게 되었다. 그리스도교도 진영은 이에 대치하는 그리스도교 보수파를 형성하였다. PLO가 정치적·군사적으로 레바논 내부를 잠식하고 유엔 무대에서 화려한 조명을 받으면서 레바논의 국위는 PLO 앞에 무릎을 꿇는 상황이 되고 말았다. 국가 속의 국가는 국가를 대신하게 되었다.

레바논내전은 1975년 가을부터 질적인 변화를 보이며 정치와 군사영역에서 계급적 · 종파적 · 부족적 · 민족적 단위의 전쟁으로 타락해 갔다. 전투의 불길은 베이루트에도 미쳤고 수도는 동서로 분리되었으며 그리스도교도나 이슬람교도라는 이유만으로 무질서한 상호간의 살육이 계속되었다. 황폐와 폐허는 그칠 줄 몰랐으며 레바논의 국가 기능은 마비되어 해체된 것이나 다름없었다.

누가 먼저 전쟁을 일으켰는가를 묻는 것은 달걀이 먼저인지 닭이 먼저인지를 묻는 것이나 매한가지였다. 국가의 토대가 무너지고 종파공동체의 공존을 지탱해 온 불문율의 규칙이 깨지면서 레바논 땅에 발생한 것은 피비린내 나는 살육의 지옥이었다.

내전이 계속되면서 팔레스타인인의 군사적 우위는 더욱 분명해졌다. PLO는 훈련된 전투조직을 갖고 있고 시리아를 경유하여 풍부한 무기를 보급받은 데에 반해 그리스도교도 측은 오합지졸의 사병에 불과하였다. 궁지에 몰린 그리스도교도 사병단이 비밀리에 이스라엘과 결탁하여 아랍 세계의 원수 나라로부터 무기를 제공받는 일은 더 이상 비밀이 아니었다.

레바논의 자기붕괴는 이처럼 인접국 시리아와 이스라엘의 군사개입을 쉽사리 허용했고, 개입은 시리아에 의해 시작되었다. 시리아는 1970년 이후 하페즈 알아사드(Hafez al-Assad) 장군이 이끄는 바트당 정권이 존재하였다. 범아랍 사회주의를 주창하는 바트당의 군사권력이기 때문에 알아사드 장군이 당연히 팔레스타인 해방을 위해 싸우는 레바논의 이슬람 진보파 또는 팔레스타인인을 대표하는 PLO의 편을 들 것으로 생각하였다. 그러나 시리아는 이스라엘로부터 무기원조를 받고 있는 그리스도교도의 사병단의 편을 들었다. 더구나 시리아에 군사개입에 의한 조정을 요청한 것은 그리스도교도 마론파 공동체 중에서 가장 유력한 수장이자 팔랑주당과 사병단의 지휘관인 피에르 제마옐(Pierre Gemayel)이었다.

시리아 대통령 알아사드는 그대로 두면 팔레스타인인이 레바논에서 승리하고 그리스도교도가 패할 것이라는 사실을 알고 있었다. 시리아가 용서할 수 없는 것은 레바논 안에 승리자와 패자가 출현하는 사태였지 이데올로기나 종교는 상관없었다. 레바논내전에서 이후 15년 동안 알아사드가 통치하는 시리아는 레바논에 일방적인 승리자가 출현하지 않도록 패자를 구하는 입장에 섰다.

알아사드는 일단 그리스도교도군을 도왔지만 곧바로 그들을 버리고 레바논 안의 동맹자를 끊임없이 바꾸었기 때문에 카멜레온 같은 변절자라고 불렸다. 그러나 이러한 비난은 틀린 것이다. 시리아의 레바논내전에 대한 정책은 놀라울 정도로 일관성 있었다. 그 일관성이란 레바논내전을 승자와 패자가 없는 상태로 지속시키면서 레바논의 운명을 재는 저울을 시리아 수중에 두는 것이다.

알아사드는 범아랍주의자이기 전에 과거의 대시리아 부활을 꿈꾸는 대시리아주의자였다. 대시리아 수립을 위한 첫걸음은 프랑스 식민지정책에 의해 대시리아에서 떨어져 나간 레바논을 되찾는 것이었다.

알아사드는 소련에서 교육받은 공군 장교로 바트당이 1963년 3월 군사 쿠데타를 일으켜 시리아의 권력을 탈취했을 때 당 군사위원회의 지도자로서 중요한 역할을 하였다. 36세 젊은 나이에 장군이 되고 국방장관이 되었는데, 그는 때를 기다릴 줄 아는 야심가였다. 경쟁자의 자멸을 기다리다가 1970년에 실권을 쥐면서 해방자로 환대를 받았다.

아마도 아랍 세계에서는 특이하다고 볼 수 있으며, 도쿠가와 이에야스(德川家康)를 떠올리게 하는 그의 정치적 기질은 그의 출신 배경에서 찾을 수 있을 것이다. 알아사드는 수니파 이슬람이 압도적인 위치를 차지하는 시리아에서 이슬람(이단파) 부족 집안에서 태어났다. 여기서 이단파란 알라위파(Alawiya)라는 소수 공동체를 말하며 시리아 인구의 약 10퍼센트를 차지하는데, 가장 가난하고 멸시받는 집단이다. 알라위파는 원시 그리스도교와 혼합된 신앙의 형태를 갖추고 있었기 때문에 차별을 받아 왔다.●

● 알라위파는 알리파라는 의미이며, 이슬람의 수니파와 시아파로부터 이단시되어 온 교파이다. 시아파의 주류 12이맘파는 초대 알리 이후 12명의 이맘을 신봉하는데, 알라위파는 알리 이후 7대의 이맘이스마일까지만 신봉한다. 누사이리파라고도 부른다.

다마스쿠스와 알레포(아랍어로는 할라브Halab)에 사는 시리아의 부르주아 자제들이 의학, 법률, 기술 등을 배우기 위해 유학을 갈 때 알라위 출신의 젊은이는 프랑스 군인이 지휘하는 시리아군에 들어갔고, 시리아가 독립한 후에는 사관학교에 들어가 운명을 개척하는 길밖에 출세수단이 없었다. 알아사드는 사관학교의 생도가 되어 16세에 바트당에 입당하여 공군 사령관을 거쳐 36세에 국방장관이 되었다. 시리아는 1946년 이래 쿠데타 신기록을 만들며 20년 동안 16명의 대통령을 배출했는데, 알아사드가 정권을 장악한 후 30년간에 걸쳐 안정을 이루었으므로 그는 '동방의 비스마르크'라고 평가받았다.

사회와 종교의 변두리에서 중앙 정치무대에 들어온 정치인이 자신의 정체성을 보편적인 이상주의에서 구하려고 하는 것은 세계적으로 공통된 현상이다. 코르시카 출신의 나폴레옹은 프랑스인보다 더 대프랑스주의자가 되었고, 그루지야 출신의 스탈린은 러시아인보다 더 흉포한 대러시아주의자가 되었고, 오스트리아 변경에서 태어난 히틀러는 독일 민족 우월주의자가 되었다. 대기만성형 기략가(機略家)인 알아사드가 대시리아의 부흥을 꿈꾸며 레바논의 운명을 좌우하는 저울을 수중에 두려고 하는 것도 이러한 현상의 한 예라고 할 수 있다.

방금 알아사드는 레바논의 승리자와 패자가 전투무대에서 소멸하지 않도록 획책을 강구했다고 설명했듯이 그는 그러한 룰을 준수하는 데 정말로 충실하였다. 이윽고 알아사드는 그리스도교도를 버리고 1978년부터는 팔레스타인인과 동맹을 맺었으나, PLO의 지도자 아라파트에 대해서는 처음부터 사라지기를 원했다. 레바논을 장악하는 데 아라파트는 귀찮은 존재였기 때문이다. 그리고 시리아의 비호 아래 이슬람 진보파의 주력이 된 드루즈족의 대수장 카말 줌블라트(Kamal Jumblatt)가 그리스도교도군을 퇴각시키고 시리아의 권위를 비웃는 언동을 하자 누군가에 의해 암살된 사건은 보이지 않는 손이 룰을 알리기 위해 경고하고자 한 것이었다.

10. 베이루트 침공

시리아는 먼저 그리스도교도군과의 동맹을 통해 레바논에 영향력을 침투시켰다. 급진적인 팔레스타인인과 PLO 세력은 억제되고 소위 '시리아의 평화'가 레바논에 도래하였다. 1977년에는 희생자가 거의 나오지 않은 평화의 해였다. 그러나 내전을 더욱 한없는 늪으로 끌어들이는 음모가 무대 뒤에서 준비된 해이기도 했다.

시리아와 그리스도교군의 동맹은 이스라엘을 위협하였다. 이스라엘의 우익정권은 시리아의 세력이 레바논 남부에 미치며 자기들의 점령하에 있던 골란 고원을 위협해 오는 위험을 느꼈다. 그리하여 시리아와 그리스도교도군의 부자연스러운 동맹의 빈틈을 노려 동맹을 무너뜨리려는 모략이 행해졌다.

빈틈은 두 가지였다. 하나는 레바논의 그리스도교도가 이슬람교의 시리아에게 전통적으로 반감과 모멸의 감정을 갖고 있고 오히려 서구화한 유대인 사회에 호감을 보인 것이다. 그리스도교도 부르주아에게 시리아인은 기껏해야 근면한 문지기나 짐꾼의 이미지밖에 없었다.

더구나 그리스도교도는 시리아와 동맹을 맺으면서도 공공연하게 이스라엘로부터 무기를 원조받았다. 이스라엘은 그리스도교도군에 무기를 원조하였을 뿐만 아니라 사병을 불러들여 훈련을 시키고 그들의 사기를 북돋았다. 마론파의 팔랑주당을 핵으로 한 그리스도교파 민병단은 이름을 레바논군으로 개칭하고 군대 행진을 하며 이스라엘로부터 받은 샤만 전차를 뽐내었다. 이는 시리아를 자극하는 불필요한 행동이었다.

또 하나는 레바논 남부와 이스라엘 국경의 안전보장 명분하에 레바논의 그리스도교도 민병의 한 지휘관을 부추겨 남부레바논군을 만들어 레바논 남부 산악 지대에 완충지역을 만든 것이다. 완충지역의 남부레바논군은 이스라엘에 봉사하고 이스라엘군에게 긴급 거점을 제공하는 도구에 불과했다.

시리아와 그리스도교도의 동맹은 그런 상황에서 3년간 지속되었고 1978년 가을부터 적대관계로 돌아섰다. 그리스도교 공동체 중에서도 시리아와 가장 친밀한 관계에 있던 한 수장의 자녀가 레바논군의 민병에 의해 학살된 사건이 계기가 되었는데, 시리아는 처음부터 불성실한 동맹자에 대해 신뢰감을 갖지 못했다. 그리스도교도와 단절함으로써 시리아는 과거의 적이었던 이슬람 진보파 및 팔레스타인인과 가까워졌다.

임시동맹이긴 했지만 아군이었던 그리스도교도와 시리아와의 전투개시는 이스라엘을 레바논으로 끌어들이는 결과가 되었고, 이스라엘은 그 기회를 노렸다.

이스라엘군은 1978년에 비로소 레바논 남부에 침입하였고 이어서 1982년 6월 수도 베이루트 점령 작전을 펴기에 이르렀다. 이스라엘의 당면 목표는 레바논 남부에서 팔레스타인 세력을 추방하고 그 거점을 파괴하는 데 있었다. 이스라엘 우익정권은 레바논군의 수장 바시르 제마옐(Bashir Gemayel)을 움직여 그리스도교 민병단이 이스라엘과 공동으로 팔레스타인인을 적으로 싸우도록 재촉하였지만, 대통령 자리를 노리는 레바논군의 수장은 이에 응하지 않았다.

이스라엘 정부에서 우익을 대표하는 샤론 국방장관의 지휘로 실행된 베이루트 점령 작전은 레바논을 더욱더 폐허로 만들었고, 이스라엘을 철저한 전쟁 국가로 변모시켰다는 의미에서 만주전쟁과 비유될 만한 사건이다.

이스라엘군은 베이루트의 이슬람 주민 지역인 서부 지구의 건물을 철저히 포격하여 팔레스타인인을 몰아냈다. 약 2만 명에 달하는 무장 팔레스타인인의 안전한 출국을 보장하기 위해 유럽과 미국의 국제군을 보내 그들의 명예로운 철수를 실현하지 못했더라면 무참한 지옥이 되었을 것이다.

그리스도교도는 이스라엘의 군사개입을 해방자의 도래인 것처럼 맞이했다. 그리스도교도뿐만 아니라 팔레스타인인의 횡포에 분노한 레바논 남부의 시아파 주민도 기뻐했을 정도이다. 그러나 이러한 환영은 일시적인 것이어서 이스라엘은 곧바로 저항과 적의에 직면하였고 수도에서 철수할 수밖에 없었다.

난폭한 군사개입은 결국 정치적 실패로 끝났다. 팔레스타인인 무장단은 레바논에서 궁지에 몰리고 있었으나 팔레스타인인과 PLO의 영향력을 전면적으로 몰아낼 수는 없었다.

이스라엘이 기대한 대로 그리스도교도로 구성된 레바논군의 수장 바시르 제마옐은 1982년 8월 레바논 대통령으로 선출되었지만 그 지위에 오르기도 전에 암살되었다. 암살자는 시리아의 사주를 받은 정치결사단체의 일원이었다.

암살사건이 발생한 지 이틀 후 이스라엘군이 점거한 수도 베이루트 근교 사부라, 샤틸라 두 마을에서 일어난 팔레스타인 난민 학살사건은 이스라엘군 개입작전의 실패를 더욱 부각시켰다. 약 1,500명의 난민 학살을 주도한 것은 그리스도교도 팔랑주당의 민병대였는데 이는 암살된 수장에 대한 복수였다. 그러나 보복자의 행동을 예상하면서도 이를 눈감고 살육을 모른 체한 이스라엘군의 책임을 묻지 않을 수가 없었다. 이스라엘군이 암묵적으로 학살사건에 가담한 사실은 그후 이스라엘 국내의 특별위원회 조사로 입증되었다.

11. 레바논내전의 구도

1983년 이후 레바논은 체계적인 설명을 할 수 없는 혼란의 지옥이 되었다. 행복하고 목가적이며 아름답고 다양한 민족과 종교의 박물관은 폐허가 되어 버렸다.

레바논에는 근대적인 의미의 정당이 존재하지 않았으므로 그리스도교도든 이슬람교든 그들 자신의 사병단이 있었으며 정치 · 군사조직의 수장은 세습되는 관행을 이어 왔다. 그리스도교 마론파의 팔랑주당을 지휘했던 피에르 제마옐이 물러나자 그 아들인 바시르가 그 자리를 이어받고, 바시르가 암살되자 그 동생인 아민이 계승하여 대통령에 선출되었다. 그리스도교도 마론파에는 여러 가문이 있었고 모두 세습이었다. 드루즈족의 수장인 카말 줌블라트가 암살되자 그 아들인 왈리드 줌블라트(Walid Jumblatt)가 뒤를 잇는 식이었다. 이러한 각도에서 보더라도 레바논내전은 중세의 혼란과 같은 양상을 띠고 있다.

레바논내전은 그리스도교도와 이슬람 급진파(팔레스타인인, 드루즈족 포함) 사이의 대결이라는 기본 구도에서 출발하여 그리스도교도 공동체 간의 분열과 투쟁, 이슬람 공동체 내부를 끝없는 혼돈의 지옥으로 빠뜨렸다. 예부터 내려오는 부족적 관행인 복수의 전통이 되살아나고 끝없는 살육이 계속되었다.

한 가지 기억해 둘 만한 일은 1984년 이후에는 시아파 교도 공동체가 이슬람의 가장 유력한 무장조직으로 등장하여 그리스도교와 팔레스타인인 두 공동체를 상대로 자신들의 지위를 요구하게 된 것이다. 지금까지 레바논 내에서도 시아파 주민은 수니파 주민과 비교해 가난하고 사회적으로도 소외된 존재였다. 시아파 무장조직의 출현은 구질서에 대한 이의제의이기도 하였다.

시아파의 반항을 유발시킨 원인은 두 가지이다. 레바논은 1932년 이래 인구조사를 실시하지 않았지만 이미 그리스도교도가 다수를 차지하는 국가는 아니었고, 다수자가 된 이슬람 주민 중에서 제1위는 시아파 주민이 차지하고 있었다. 1984년의 추정통계에 의하면 시아파는 총인구의 약 35퍼센트를, 각 파의 그리스도교도가 30퍼센트를, 수니파가 25퍼센트를, 드루즈족이 10퍼센트를 점유하고 있었다. 오랫동안 인구조사가 이루어지지 않은 이유는 그리스도교도의 열세를 내외에 알림으로써 자신들의 우월한 지위의 근거를 잃게 될 것을 염려한 때문이었다.

또 다른 이유는 이란 내 시아파 이슬람 혁명의 직접적인 영향이다. 레바논의 시아파 사회에는 경쟁하는 두 개의 무장조직이 탄생하였다. 하나는 레바논 남부의 시아파 주민을 중심으로 하는 아말(Amal : 희망)이고 또 하나는 북부의 시리아 국경에 인접한 베카 고원 주민으로 구성된 헤즈볼라(Hezbollah : 신의 당)이다. 두 당은 각각 시리아와 이란으로부터 지원을 받았는데 '신의 당' 헤즈볼라는 이란 혁명의 기운을 가장 솔직히 표현하고자 하는 급진적인 성격을 띠었다.

시아파의 두 당은 그리스도교도와 수니파 그리고 이스라엘을 적대시하면서 서로 세력을 다투며 무장투쟁을 전개하였다. 수도 서쪽의 무슬림 지역은 동족 간에 유혈투쟁이 끊이지 않았다. 서방에서 온 국제군 병사를 향해 자살 테러를 감행하거나 인질 테러를 저지른 것도 시아파 단체이다.

이와 같은 레바논의 내란은 마침내 나라 전체를 붕괴시켰고 인접 국가인 시리아와 이스라엘의 세력권 속에 편입되는 결과를 초래하였다.

시리아는 더욱 결정적으로 레바논에 진입하여 수도와 동북부 전역을 장악하였다. 레바논 정부는 시리아의 승인 없이는 존재할 수조차 없게 되었다. 이스라엘군은 베이루트에서 철수하였고 그리스도교도와의 동맹을 포기할 수밖에 없었다. 시리아와 이스라엘은 레바논 내에 각자의 실효 지배권을 구축하면서 불안정한 균형관계를 유지하였는데, 이러한 세력권의 존재가 레바논의 혼란을 더욱 수습하기 어렵게 만들었다. 하나의 레바논은 붕괴하였고 무수한 수장과 족장들이 사병을 거느리며 무분별한 투쟁을 계속하는 20~30개의 레바논으로 분열되었다.

여기서 레바논내전의 구도에 대하여 간단히 설명해 보겠다.

첫째, 종교 또는 종파공동체적 측면에서 보면 레바논내전은 그리스도교도와 이슬람교도 두 공동체 간의 충돌이다. 그리스도교도 중 가장 전투적인 조직을 갖춘 중핵은 마론파 공동체이다. 그러나 모든 이슬람 공동체가 그리스도교도를 적으로 하여 싸우지 않은 것처럼 모든 그리스도교 종파가 마론파를 핵으로 결속한 것은 아니다. 마론파 다음으로 그리스정교도 대부분은 전투에 가담하기를 거부하였다. 이슬람 측도 수니파는 시아파의 돌출된 행동에 동의하지 않았고 시아파와 드루즈족은 때로는 협조하고 때로는 충돌하였다. 즉 이슬람을 대표하는 주요 세력이나 지도적인 인물이 출현할 기회가 없었다. 종교는 종파공동체와 그 그룹을 결속시키는 동시에 분열과 동족 투쟁을 초래하는 기능을 하였다.

둘째, 사회와 경제의 각도에서 보면 내전은 부자와 가난한 민중 간의 계급투쟁이다. 대지주와 부르주아는 현재의 영속을 추구하는 계급이었고 그리스도교도 공동체는 부유 계층을 대표하였다. 공정한 사회적 분배를 추구하는 가난한 계급은 주로 이슬람교도였다. 베이루트는 가장 파렴치하게 빈부의 격차를 보여 주는 도시였다. 가진 자는 사치와 탈세를 일삼는 반면 팔레스타인 난민은 직장을 찾아 헤매며 노예노동을 강요당했다. 이러한 계급적 모순이 내전에 불을 지피게 한 촉매였다고 할 수 있다.

셋째, 내셔널리즘의 각도에서 살펴보자. 즉 레바논내전은 레바논을 서구 문명과 오리엔트를 연결하는 교류의 특권적 위치로 보는 레바논주의와 범아랍주의의 사상적 대치였다. 그리스도교도와 가진 자는 레바논주의의 온상이고 가난한 이슬람교도는 범아랍주의의 축을 이루는 것으로 도식을 그릴 수 있다.

레바논을 동양과 서양을 연결하는 특수한 존재로 보는 레바논주의는 오랫동안 이 나라의 대표적인 그리스도교 지식인 및 철학자에 의해 계승되어 왔다. 그러나 주변 아랍 세계가 레바논의 특수한 성격을 인정해 왔다고 하더라도 레바논주의는 물론이고 레바논주의가 범아랍주의보다 우위에 있다고 보는 생각은 전혀 수용될 수 없었다. 내란의 최후 단계에서 그리스도교 진영으로부터 시리아의 지배를 배제하여 레바논주의를 사수하고자 한 아운(Michel Aoun) 장군과 같은 인물이 등장하였지만, 구질서를 부활시키려고 한 그의 시도는 시계 바늘을 거꾸로 되돌리는 것과 같은 양상이 되어 결국 망명할 수밖에 없었다.

넷째, 레바논내전을 보수와 변화, 우익과 좌익의 투쟁으로 보는 견해이다. 우익은 현상유지를 원하는 세력이고 좌익은 변화를 추구하는 세력이다. 연고와 권력과 부를 자랑하는 그리스도교도 세력은 우익에 기울어졌고, 그렇지 않은 세력은 좌익에 기울어졌다. 우익에는 미국과 이스라엘로부터 무기가 유입되었으며 좌익에는 소련제 무기가 유입되었다. 원래 레바논은 밀수의 천국이었으므로 좌익, 우익을 막론하고 외부에서 유입된 자동소총과 폭탄 등 무기가 범람하였다.

지금까지 언급한 네 개의 도식은 각각 진실을 포함하고 있지만 그것만으로는 모든 진실을 표현하고 있다고는 볼 수 없다. 레바논내전은 종교 · 민족 · 계급이익 · 이데올로기 외에 다양한 인간적인 동기에서도 비롯된 것이며, 그 밖에 가문과 부족공동체에 귀속된 충성심과 명예심 그리고 모험과 도전이라는 심리적인 동기가 강하게 작용된 것이다.

어쨌든 15년에 걸친 레바논내전은 근대적인 고층빌딩 및 서구적인 생활공간에 숨겨진 오리엔트 사회의 오래된 지층을 드러냈다. 오래된 지층이란 다름 아닌 아랍을 포함한 동방 세계의 수세기에 걸친 부족생활의 전통, 사상과 관습의 형성을 말한다. 중동에서도 레바논은 서구적인 색채가 가장 풍부하였고 베이루트는 '동방의 파리'라고 불릴 정도였으나 내전으로 부족생활의 오랜 지층이 표출된 것이다. 중동의 정치무대 배경에 수년 동안 잠재되어 있던 모든 모순이 지층의 가장 약하고 위험한 부분을 뚫고 나온 것이다.

레바논내전의 종말을 알 수 없는 단계에서 이란 왕국에서는 이슬람 혁명이 발생한다. 레바논내전과 이란 혁명은 서구화와 근대화를 모방하고 추구하려는 국가 안에서 돌발적으로 분화가 발생하여 용암이 모든 것을 쓸어 내고 오래된 지층을 드러내게 되었다는 공통점을 찾을 수 있다.

12. 이란 이슬람 혁명

1979년 이란에서 발생한 이슬람 혁명은 중동의 근대사에 유례를 찾아볼 수 없는 사건이었다. 모사데크의 석유 국유화 모험이 미국중앙정보부(CAI)의 방해로 실패한 후 왕위에 복귀한 모하마드 레자 황제는 독재지배권을 회복하고 다시 군림하였다. 이란 제국은 미국의 맹방으로서 이스라엘과의 관계를 심화하면서 미국 중동 전략의 새로운 기둥이 되었다.

고대 페르시아 왕처럼 '왕 중 왕'이라는 칭호를 받은 모하마드 레자 왕은 1971년 10월 페르세폴리스(Persepolice)에 세계의 귀빈들을 초청하여 페르시아 제국 2,500년을 기념하는 호화로운 축전을 열고 신흥 제국의 위용을 내외에 알렸다. 1973년 이후 원유가격 상승으로 재정이 풍부해지자 왕은 급속한 근대화 작업을 단행한다. 거품경제가 급격한 인플레이션을 초래하고 있었지만 과대망상에 빠진 왕은 미국의 비호 아래 제국의 미래는 영원히 행복할 것이라고 믿고 있었다.

황제는 '백색혁명'이라는 슬로건을 내걸고 농지개혁을 단행했는데 이는 빈민을 구하기는커녕 토지귀족의 분노와 폭동을 촉발시키고 농촌의 오랜 전통을 파괴하였다. 농촌을 떠난 유민이 도시로 모여들었다. 수도 테헤란의 인구는 20년 사이에 100만 명에서 150만 명으로 급증하였고 유민의 존재가 이윽고 혁명운동의 효모가 되었다. 자신의 전지전능을 믿은 왕의 위로부터의 혁명은 농촌뿐만 아니라 도시의 구조와 전통도 무참히 파괴하였다.

석유가 가져다 준 부는 팔레비 왕가의 영속을 보장하는 수단으로 활용되었고 군대와 비밀경찰의 근대화에 힘을 기울였다. 미국의 기지망이 건설되고 약 3만 명의 군사고문단이 초청되어 이란 군대를 강화하였고 몇 년 안 되어 이란은 중동 제일의 군사대국이 되었다. 이란은 영국이 사라진 뒤 페르시아만의 헌병 역할을 자처하여 페르시아만의 세 개의 섬을 점거하고 오만 왕국의 내란에 개입하여 반란을 진압할 정도로 실력을 키웠다.

이란의 비밀경찰은 왕실의 비호 아래 정치 · 사회 · 경제 등 모든 분야에서 활동을 전개하였고 모든 저항을 감금, 고문, 암살 등의 수단을 이용하여 억눌렀다. 좌익 그룹은 지하에 숨어들어 게릴라전을 펼쳤고 이슬람 종교 세력은 분노를 참을 수밖에 없었다. 세계적으로 유명한 이란 시장 상인의 공동체는 왕궁이 독점한 무역특허권 행사에 불만을 감추지 못했고, 이로 인해 야기된 사회불안은 자본도피를 유발하여 1976년 무렵부터는 급속히 국가재정이 기울기 시작했다.

이란 제국의 영화는 '제3세계의 미국화'라는 모방이 어떤 비참한 결과를 초래하는지를 단적으로 보여 주는 사례이다. 민중의 조직적인 반란은 1978년 무렵부터 시작되었으며, 반란을 하나로 결집시키는 핵심은 이슬람이었다. 그리고 상징적인 인물이 대아야톨라 호메이니(Grand Ayatollah Ruholla Khomeini)였다. 검은 터번을 쓰고 흰 턱수염을 날리며 짙은 눈썹 아래 독수리처럼 날카로운 눈빛을 발하는 노인의 초상화는 이윽고 세계적으로 유명해졌다.

1978년 이슬람 신학의 성지 콤과 그 밖의 도시에서 발생한 민중반란은 탄압에 의해 수천 명의 사망자를 냈고, 반란과 진압의 끝없는 악순환으로 민중은 왕의 타도만이 자유를 얻을 수 있는 유일한 길이라고 확신했다. 반항운동은 여러 요소를 갖고 있는데 가장 큰 지도력은 시아파 성직자에서 비롯되었다.

이슬람 전통을 우롱하고 고대 페르시아 영화의 복귀를 꿈꾼 모하마드 레자 왕은 퇴위를 요구하며 테헤란의 도심부를 메운 수십만 군중의 힘에 밀려 1979년 1월 망명길에 올랐다. 그가 기대한 미국도 도와주기는커녕 오히려 출국을 권하였다. 자신을 고대 페르시아 다리우스 왕의 재림으로 믿고 팔레비 왕가의 천년 제국을 꿈꾼 왕가는 부자 2대로 붕괴하고 말았다.

왕에 대한 저항과 봉기의 지령은 파리 교외에 몸을 숨긴 한 성직자로부터 내려졌고 그 지령은 신의 명령처럼 받아들여지고 실행에 옮겨졌다. 민중은 성직자의 이름을 듣는 것만으로 무조건 신봉하여 몸을 아끼지 않고 행동에 나섰다. 저항은 정의라고 확신하는 군중들 앞에 군대와 경찰은 무력하였고 군대와 경찰도 이윽고 저항에 합류하여 성직자의 이름을 외쳤다.

권력의 공백이 생긴 이란에 민중이 갈망하는 마후디(Mahdi : 구세주)의 재림처럼 맞아들여진 사람이 파리 교외에서 은둔생활을 보내고 있던 호메이니와 그 추종자들이었다. 호메이니는 1902년 고도(古都) 이스파한 인근 마을의 성직자 집안에서 태어났으며 아야톨라라는 존칭으로 알려진 성직자이다. 아야톨라는 시아파 이슬람 신도사회에서 가장 존경받는 성직자에게 주는 칭호이다.

호메이니는 과거 석유 국유화 사건 당시 성직자 세력을 대표하여 활동한 아야톨라 카샤니(Ayatollah Abol-Ghasem Kashani) 이후 이란 성직자 계급의 정상에 이른 최고 신학자 중 한 사람이다. 그는 이슬람을 무시하는 황제의 서구화 정책, 정실인사 성격을 띤

1979년 2월 테헤란에서 국민의 환영을 받는 호메이니

토지개혁, 여성 참정권 부여에 반대하여 발생한 1963년 6월 폭동을 사주했다는 이유로 국외추방을 당했었다. 호메이니는 터키를 거쳐 이라크 남부에 있는 시아파 이슬람 성지인 나자프(Najaf)에 정착했으나, 1978년 이라크에서 쫓겨나 프랑스로 파리 교외로 옮겨 간 후 칩거를 하였다. 이때 이란 내부에서는 왕의 퇴진운동이 연일 고조되고 있었다. 호메이니는 왕의 타도를 선동하는 연설 카세트테이프를 보내 민중의 봉기를 선동하였다. 그때까지 세계의 그 누구도 몰랐던 가난한 성직자가 이란 혁명의 상징으로서 돌연 조명을 받게 된 것이다.

아랍 세계에서 보이듯 혁명을 조직하고 선도하는 사람이 무장한 중산계급을 대표하는 청년 장교나 야심에 찬 부르주아 정객이 아니라 가난한 성직자였던 이유는 무엇일까?

본디 이슬람은 성직자가 없는 종교이다. 오늘날에는 세계 이슬람 공동체 중 90퍼센트를 차지하는 수니파 신도는 적어도 이론적으로는 성직자의 힘을 빌리지 않고 예배와 근행만으로 종교적 수행을 할 수 있다. 신과 신자는 직접 연결되고 신자는 제3자를 통하지 않고 신에 귀의할 수 있다. 그러나 시아파의 교의는 뒤바뀌어서 일반 신도들은 선과 악을 판별할 능력이 없으므로 현세에서는 항상 선도를 받아야 한다. 신도를 방관해 두면 악마의 포로가 될 뿐이다. 신도를 이끌고 모범이 되는 자가 성직자이다. 신도는 성직자의 언동을 모방하게 되고 '모방'을 뜻하는 타클리드(taqlid)는 시아파 신학의 기본 가르침 중 하나이다.

성직자는 자신의 이성으로 신앙과 코란 탐구를 심화할 의무가 있다. 그는 신도의 안내자이자 인도자이며 자신의 언동에 대해 책임을 져야 한다. 코란의 가르침을 해석하고 실천할 양식을 정할 중대한 임무를 띠고 있기 때문이다.

팔레비 왕조 60년간 성직자의 지위는 하락했으나 시아파 이슬람은 16세기 초에 성립한 사파비 왕조 이래의 이란 국교이므로 성직자와 민중 간의 정신적 · 일상적 연계는 매우 단단했고, 역사적으로도 성직자는 정치 · 사회운동에서 민중과 상인의 불만과 고충을 표현하는 세력으로 등장하였다. 모사데크의 석유 국유화 당시에는 카샤니라는 인물이 성직자 대표가 되었고, 19세기 말 반영 투쟁의 과정에서 영국 산업이 마음대로 독점권을 행사한 담배에 대한 보이콧을 지휘한 것도 성직자였다.

시아파에 비하면 수니파 성직자 사회는 세속권력에 순응하거나 영합적이었다고 볼 수 있다. 세속권력에 의한 불신과 반역의 분위기는 시아파의 역사 속에서 뿌리 깊은 것이었고 수니파와는 매우 다른 부분이다. 이슬람 혁명이 시아파 이슬람교도가 대부분인 이란에서 발생한 연유도 여기서 찾을 수 있다.

압도적인 위엄을 지닌 호메이니가 지배하는 가운데 1979년 4월 1일 이슬람공화국 수립을 위한 국민투표가 실시되었다. 공화국은 이슬람법에 의해 세워졌으며 호메이니는 직접 정무를 맡지 않았지만 이슬람법의 수탁자 또는 최고 지도자의 자리에 올랐다.

시아파는 그들 신도의 최고 지도자, 즉 이맘이 되려면 예언자 무함마드(마호메트)의 혈통을 이어받은 자가 아니면 안 된다고 믿기 때문에 초대 이맘으로 예언자의 사촌동생이며 사위인 알리를 내세웠다. 알리 이후 12대 이맘이 시아파의 지도자 지위를 계승하였는데 수니파 권력의 핍박하에 수많은 순교와 암살의 비운을 겪었고, 12대 이맘이 사라진 후에는 이맘의 공백상태가 계속되어 오늘날에 이르게 되었다.

시아파 신도에게 현세는 '사라진 이맘'이 구세주로 다시 나타나 지상에 정의를 구현한다고 믿는 시기였다. 호메이니가 예언자의 혈통을 이어받지는 않았지만 '사라진 이맘'의 왕림을 알리는 전초로 받아들여졌다.●

● 시아는 본디 '당파'라는 뜻을 가진 말로 초기 신자들이 '알리의 파'라고 불린 데에서 시아파라는 이름이 유래했다. 시아파는 세계 이슬람 인구 중 10퍼센트를 차지하며 다수는 수니파이다. 시아파 교도는 주로 이란과 이라크 남부에 살며 레바논 · 아프가니스탄 · 인도 · 파키스탄에서는 중요 소수파를 형성한다. 시아파가 수니파로부터 분열한 이유는 교의적 이유에서보다는 정치적인 동기 때문이며 수니파가 예언자 무함마드(마호메트) 사후 3대 우마위야(우마야드)조 칼리프를 신봉하는 데 비해 시아파는 이를 인정하지 않고 4대 칼리프의 알리를 초대 이맘으로 부

이맘이 공백인 세상에서 신도를 어떻게 인도할 것인가? 호메이니가 정한 심결(審決)에 따르면 인간의 정신과 정치를 인도하는 역할은 신학자가 맡으며, 성직자야말로 '사라진 이맘'의 대리인이자 신의 주권을 위임받은 자이다. 성직자 자신이 이슬람법을 포고하고 국가의 행정을 이끄는 일은 지금까지 이 이슬람 제국에서 전례가 없었고 호메이니의 창조에 의한 발명이다. 그의 철학에 의하면 행정능력을 갖춘 학식 높은 공정한 신학자는 예언자 무함마드와 동등한 권위를 갖는다.

그러나 호메이니의 이슬람 제정일치의 신학은 왕을 타도한 통일전선 내에 분열을 초래할 수밖에 없다. 공동전선을 형성하고 있던 진보 지식인 · 이슬람 좌파 · 공산당 · 쿠르드족 등이 반발했을 뿐만 아니라 성직자 내부에도 비판의 소리가 일었고, 호메이니를 추종하는 급진파는 테러리즘을 이용하여 반대자를 억압하려는 권력투쟁을 전개하였다.

르며 예언자의 정통 계승자로 간주하고 신봉한다. 알리는 예언자의 사촌동생이며 사위였다. 신도들은 알리 사후에 그 자녀인 하산(제2대 이맘)과 후사인(제3대 이맘)을 옹립하고 우마위야가의 군과 싸웠고, 후사인은 680년 케르벨라(이라크) 전투에서 전사한다. 이 순교의 비극과 정통 이맘은 예언자의 피를 이어받아야만 한다는 사상은 시아파의 전통 속에 슬픔과 고통을 안겨 주었으며 모든 세속권력에 대한 불신감을 키웠다. 시아파 중 주류는 12이맘파로, 그들은 알리 이후 12대 이맘을 신봉한다. 이 최후의 이맘은 873년 부친 서거 후 은둔하였으며 '은둔의 시대'는 오늘날까지 계속되고 있다. 신도는 사라진 이맘이 마흐디(구세주)로서 이 세상에 군림할 때 정의와 행복의 시대가 도래할 것으로 믿고 있다.

이 내부투쟁을 통하여 1979~1985년 6년간 약 4,000명이 처형을 당하고 4만 명이 정치범으로 감금되었다. 호메이니는 혁명 이전에 존재했던 법률과 법원을 폐지하고 매우 간결한 응보법제를 채용하였다. 응보는 이슬람 이전부터 아라비아 반도의 유목 민족 간에 이루어졌으며 코란에 채용된 오랜 관행이다.

혁명은 각 세력 간의 경쟁 상황을 초래하였다. 호메이니의 축복을 받고 대통령에 당선된 바니 사드르(Bani Sadr)가 급진파의 탄핵을 받고 망명을 떠난 것은 그나마 양호한 편이었고, 대아야톨라의 최측근 협력자들이 혁명의 적과 내통했다는 날조된 누명을 쓰고 총살을 당하거나 교수형에 처해지는 사건이 빈발하였다.

1979년 11월에는 혁명의 방위를 외치는 무장파 청년 행동대가 수도 테헤란의 미국 대사관을 포위하고 외교관을 인질로 한 사건이 일어났다. 이는 권력투쟁을 투영하는 동시에 혁명의 변모를 드러낸 사건이었다.

이란 혁명은 가난한 민중을 위한 청교도혁명으로 출발하였다. 무장파가 호메이니를 옹립하고 동맹자를 배제한 것은 혁명정치를 내부적으로 심화하기보다는 혁명을 공격적으로 외부에 폭발시켜 나가는 운동의 여파였다. 혁명을 수출하려는 이란의 공세는 서구와 서구의 비호를 받는 인접 석유 왕국으로 향했으며 이로 인해 아랍 세계와 소련으로부터도 외면당했다. 고립은 이란 내의 숙청과 공포정치를 가져왔다.

미국 대사관에 대한 봉쇄가 풀린 것은 14개월 후인 1981년 2월이었다. 카터 대통령이 이란 내에 침투시킨 특공대의 무모한 구출작전은 좌절되었고, 대통령은 재선에 실패했을 뿐만 아니라 실패에 대한 책임을 져야만 했다.

1980년 9월 이라크의 독재자가 된 사담 후세인이 돌연히 시작한 전쟁은 이란 내에 애국심을 불러일으키고 혁명진영의 권력투쟁을 잠재웠다. 이란인에게 이것은 신자가 아닌 사람에 대한 이슬람의 투쟁, 바그다드의 악마와 그 배후에 있는 대악마 미국을 응징하기 위한 정의의 투쟁이었다. 호메이니는 이 같은 애국적 분위기가 고양되는 가운데 일거에 절대자의 지위를 장악했다. 호메이니에게 전쟁은 절호의 기회였다. 이란군이 반격을 가하며 이라크 내에서 전투를 벌이게 된 1983년에는 호메이니에게 반항할 수 있는 경쟁자는 모두 제거되었다.

이라크와의 전쟁은 적의 전멸을 외치는 호메이니의 강경한 결의로 1988년까지 계속되었지만, 정부조직은 성직자들의 끊임없는 감사와 개입으로 마비되었고 마침내 호메이니 자신이 정부 기능을 어느 정도 종교의 구속으로부터 완화시키는 결정을 하지 않을 수 없었다.

호메이니는 이라크와의 휴전을 어쩔 수 없이 받아들이고 1989년 세상을 떠났다. 그가 죽기 전 소설 『악마의 시(*The Satanic Verses*)』의 저자 살만 루시디(Salman Rushdie)에 대해 이슬람을 모독하는 자로 비난하고 사형선고를 심결을 내린 일은 유명한 사건이다. 심결은 파트와(Fatwa : 이슬람법 해석)라고 하며 이슬람 성직자가 내리는 재결로, 때로는 법률과 같은 효력을 갖는다.

호메이니 이후 이슬람 혁명의 조류에 대해 간단하게 설명한다면 경제와 정치영역에서 일반적으로 온건파 및 급진파로 표현되는 두 조류가 있다. 호메이니 사후 이란 권력은 온건파의 노선을 택해 대외관계의 개선, 경제부흥, 상대적이기는 하나 사회규제 완화와 언론의 자유화, 일부 국가기업의 민영화를 추진했다. 이에 반해 급진파는 정치 · 사회 · 경제영역의 엄격한 원리주의적 접근을 외치며 고립주의 외교를 추구했다. 그렇지만 1991년 걸프 전쟁 당시 이란은 숙적 이라크에게 적의를 나타내면서도 중립적 자세를 취하여 서구 및 아랍 세계와 조금이나마 가까워지는 계기가 되었다.

호메이니가 혁명의 원리로 내건 규칙은 수정되었지만 성직자 지배의 원리는 변하지 않았다. 이란 혁명은 시아파 신비주의의 색채를 띤 고유하고 독특한 혁명이었지만, 또한 이란 외의 수니파 이슬람 세계에서 발생한 소위 이슬람원리주의의 발흥을 초래하는 몇 가지 보편적인 이데올로기와 동력을 갖춘 혁명이었다.

호메이니의 혁명은 타락한 서구 문명을 거부하고 이슬람 본래의 경건한 도덕을 되찾고 성직자가 지도하는 새로운 도덕에 바탕을 둔 민족 국가를 부흥하고자 하였다. 이란에서만 볼 수 있는 성직자 지배의 도그마를 제외하면 코란의 정신에 고무된 민족문화의 복고와 부흥은 후에 대두하는 모든 이슬람원리주의 운동의 기초가 되는 이념이다.

모든 혁명가가 그렇듯이 이란 혁명 추진자들 역시 신에게 부여받은 사명이라며 그들의 혁명 사상과 양식을 수출하여 외부로 침투시키지 못하면 그들 자신의 혁명도 안전할 수 없다고 믿었다.

이러한 청교도혁명의 견지에서 본다면 아라비아 반도의 석유왕국, 수장국의 지도자들은 경건을 가장하여 이슬람을 황금의 제단에 장식하고 오직 석유의 부를 위해 봉사하는 배교자에 불과하였다. 미국은 그들을 유혹하고 부패시킨 대악마였다. 소련 또한 무신론자로 악마의 소굴이었다. 호메이니가 외친 "서쪽에서도 동쪽에서도 구하지 말라"라는 말에는 물질과 금전을 숭배하는 동서열강에 굴하지 말고 도덕적 위신을 갖춘 이슬람 세계의 공동체를 창건하자는 원대한 이념이 담겨 있었다.

전후 서구로부터 받은 이데올로기와 정치사상을 변혁의 수단으로 이용하려다 좌절에 좌절을 거듭한 중동 1세대에게는 이란 혁명을 통한 이슬람의 재발견은 충격적인 계시였으며 커다란 깨달음이었다.

13. 아프가니스탄

먼저 소련이 이란 혁명으로부터 멀어진 이유를 살펴보자.

냉전의 이론에 따른다면 미국을 세계에 모든 악을 퍼뜨린 대악마로 보는 호메이니의 세계관은 크렘린으로서는 이보다 반가운

일은 없으며 적의 적은 아군이기 때문에 이란을 자기 진영으로 끌어들이는 것이 당연했다. 그러나 소련은 마치 페스트에 감염되지 않기 위해 숨을 죽이고 있는 것처럼 이란으로부터 멀리 떨어져 이슬람 혁명의 추이를 방관하고 있을 따름이었다. 소련의 이 같은 행동의 배경은 바로 아프가니스탄에 있었다. 1979년 말에 발생한 소련군의 아프가니스탄 침공에서 해답을 찾을 수 있다.

아프가니스탄은 중동과 인도 사이에 위치하는 산악 국가이다. 소련이 아프가니스탄을 침공했을 당시 많은 이가 '제3차 세계대전의 서곡'이라며 불길한 예언을 했다.

아프가니스탄전쟁은 지금도 여전히 이 나라에서 계속되는 민족과 부족 간의 내전과 참극을 초래했으며, 소련의 침략 자체는 용두사미로 끝났으며 예언자들의 예언처럼 제3차 세계대전의 비극을 가져오지는 않았다. 오히려 많은 이의 예언과는 반대로 아프가니스탄에서의 패배는 소련 내에 정치적 · 군사적으로 치명상을 안겨 주었고 소련 제국의 붕괴로 이어지는 최초의 계기가 되고 말았다.

소련이 과거 지배권하에 있는 헝가리, 체코 등에 군대를 출동한 적은 있었으나, 왜 아프가니스탄과 같은 아시아의 산악 국가에 군대를 출동했는지 수수께끼였다. 최근 소련 시대의 문서에 대한 조사가 진전되면서 소련의 아프가니스탄 침공은 따뜻한 바다를 찾아 남하하는 러시아의 전통적인 욕구도 페르시아만의 석유에 접근하려는 야망도 아니었고, 단지 카불에 수립된 공산주의 정권이 붕괴되는 것에서 구출하기 위한 궁여지책이었다는 사실이 밝혀졌다.

소련 제국의 운명을 결정한 침공 결정은 크렘린 수뇌부의 지도자 5~6명에 의해 내려졌고 정치국원이었던 고르바초프(Mikhail Sergeyevich Gorbachyov)조차 몰랐다. 브레즈네프는 며칠간의 출병으로 해결될 것으로 계산했던 것 같다. 놀라울 정도의 역사적 무지와 현실 무시가 소련을 붕괴시킨 셈이다.

아프가니스탄은 서쪽은 이란에, 동쪽은 무굴 제국 인도에 둘러싸여 있던 18세기경 인도 · 이란계 이슬람교도인 파슈툰족(Pashtuns : 파탄족)이 세운 완충국이었다. 19세기에는 중앙아시아에서 충돌한 러시아와 영국 간의 완충지대가 되었고, 파슈툰족 · 터키어계 우즈베크족 · 페르시아어계 타지크족(Tajiks) · 몽골계 시아파인 하자라족(Hazara) · 남방의 발루치족(Baluch) · 서북방 투르크멘족(Turkmen) 등이 상호 연합하거나 경쟁하면서 평화를 유지하였다.

아프가니스탄은 1970년대까지 중세적이고 자급자족적인 사회 · 경제구조하에 어떤 세력권에도 속하지 않고 살 수 있었다. 왕정은 있었지만 국왕은 부족 간 가장 유력한 수장 중의 한 사람에 불과했다. 냉전 전반기까지 아프가니스탄은 미국과 소련 어느 쪽에도 속하지 않고 일종의 중립을 지킬 수 있는 여유가 있었다.

1973년 미국에의 접근을 모색하던 자히르 샤(Zahir Shah) 국왕은 근대화의 깃발을 내건 사촌 다우드 칸(Daoud Khan) 왕자의 쿠데타로 물러나고 망명했다. 젊은 왕자를 공화국 대통령으로 앉힌 것은 소련에서 유학한 젊은 마르크스주의자들이었다. 그러나 다우드 왕자도 1978년에 그를 떠받들었던 마르크스주의자들에 의해 암살되고 민주인민당을 표명한 공산주의자가 군대를 끌어들여 정권을 장악했다.

하지만 이 나라의 모든 시스템이 그러하듯이 공산주의자 조직도 부족생활의 구습을 그대로 근대풍으로 미화한 것에 불과했으며 처음부터 둘로 분열되었다. 할크파(Khalq : 인민파)와 파르참파(Parcham : 깃발파)로 모두 소련에 충성을 맹세하였지만 실은 오래전부터 팽팽하게 맞서던 부족연합이 두 개의 공산당을 형성한 것이나 마찬가지였다. 깃발파는 타지크족 도시민이, 인민파는 파슈툰족이 형성했고 더구나 오래전부터 있어 온 파슈툰족 여러 부족들 사이의 대립이 당 내에 그대로 나타났다.

중세적 부족사회의 틀을 간직한 채 세워진 공산당 권력은 처음에는 두 당파의 화해하에 출발했지만 곧 분열되었다. 토지 대부분이 부족의 공유지인 아프가니스탄 사회에 소련에서 배운 혁명 도식을 그대로 적용한 농지개혁은 역효과만 일으켰으며, 특히 인구의 99퍼센트가 이슬람의 전통을 지키고 있는 국가에서 부녀자에게 문자를 가르치는 학교교육을 강행한 일은 성직자의 거센 저항을 불러왔다.

공산당 정권의 주도권을 쥔 인민파의 타라키(Nur Muhammad Taraki)와 하필줄라 아민(Hafizullah Amin) 두 지도자는 파슈툰족의 길자이족(Ghilzai) 출신이고 깃발파 지도자 카르말(Babrak Karmal)

은 같은 파슈툰족의 두라니족 출신이었지만, 이 두 부족은 예부터 앙숙지간이었다. 망명한 국왕 및 암살당한 다우드 왕자의 왕가도 두라니족 출신으로 카르말의 부친은 국왕을 모신 장군이었다.

인민파와 깃발파의 충돌은 혁명노선과 이슬람을 둘러싼 논쟁에서 비롯된 것으로 보였다. 모스크바 공산당 학교에서 수학한 도식을 급진적으로 강행한 인민파에 비해서 카르말은 점진적이었고 크렘린은 내심 카르말을 지지하였다.

인민파는 이윽고 권력투쟁에서 카르말과 깃발파를 제거하고 이슬람 탄압에 나섰다. 1979년 초부터 이슬람교도의 반란은 온 나라에 퍼졌고 가끔 소련은 카불의 요청을 받아들여 반란도시에 폭격을 하였다. 아프가니스탄 제2의 도시 헤라트(Herat)는 한때 이슬람 반란군의 수중에 들어가기도 했으나 소련의 개입으로 되찾았다.

잔인한 탄압과 진압을 강행한 자는 군인 출신 아민이었다. 그러나 그대로 방치하면 아프가니스탄은 이슬람 국가가 될지도 모른다고 판단한 소련은 타라키를 모스크바로 불러 아민을 권력에서 추방할 책략을 꾸몄다. 그러나 이를 눈치 챈 아민은 타라키가 카불에 도착하자마자 체포하여 살해했다. 시인에서 정치지도자로 변신한 타라키는 폭력과 책략이 난무하는 세상에서 오래 살 수 있는 인물은 아니었다.

타라키의 죽음은 오히려 공산당 권력의 쇠퇴를 초래하였고 그대로 내버려 두면 이슬람 세력의 확대와 승리는 기정사실이라는 정치경찰의 보고를 들은 크렘린은 아민의 폭정에 일침을 가하는 길 외에 다른 방도가 없다고 결단을 내렸다. 산악 국가 내에서 이슬람 세력의 승리는 곧바로 소련 내 중앙아시아 카자흐족, 타지크족, 우즈베크족 이슬람계 공화국에 중대한 영향을 미칠 것이다.

따라서 소련 침공의 최초이자 최종 목적은 아민 정권을 타도하는 것이었다. 아민은 곧 죽임을 당했고 소련은 과거 헝가리 수습 당시 야노스 카다르(Janos Kadar) 데려왔듯이 망명 중인 카르말을 데려와 지도자로 앉히고 유화 정책을 펼쳤다.

소련은 이 같은 외과 수술로 카불이 처리되었다고 생각했지만, 아프가니스탄은 동유럽 형제국과는 달리 서로 치열하게 싸우는 이슬람 부족사회의 산악 국가이다. 이는 마치 끝없는 수렁으로 발을 내디딘 것과 같았다.

동유럽이라면 소련에 충성을 맹세하고 그 뜻을 이어받은 공산당 지도자가 국내의 혼란을 진압할 수 있었지만, 아시아 산악 국가는 이슬람 사회와는 전혀 다른 이질적인 사고방식을 가진 공산주의자가 출현했다고 해서 정치적인 효과가 나타날 리 없고, 이미 소련군의 침입 그 자체가 이슬람 사회에 상처를 주고 민중의 명예심을 손상시킨 행동이었다. 크렘린은 이슬람 세력을 진압하려다 이슬람의 전면적인 저항을 일으켰으며, 해결책도 희망도 없는 전쟁을 이 산악 국가에서 무모하게 9년간 계속해야 하는 신세가 되었다.

무자헤딘(Mujaheddin : 성스러운 이슬람 전사)을 외치는 이슬람 세력의 그칠 줄 모르는 저항에 부딪혀 1989년 2월 고르바초프가 통치하던 소련은 산악 국가에서 붉은 군대를 철수시킴으로써 그 역사적 영광과 1만 3,000명의 장병을 잃었을 뿐만 아니라 국가 자체가 빈사 상태의 중상에서 회복할 수 없는 비극적인 상황에 빠지게 되었다.

소련이 물러난 후 이슬람 저항 세력의 승리가 예상되었지만 민족과 부족의 대립은 또다시 분열을 초래하였고 파슈툰족, 타지크족, 우즈베크족의 군벌 간 내전은 그칠 줄 모르고 계속되었다. 그리고 파괴와 혼란 끝에 1996년 탈레반(Taleban)이라는 파슈툰족 수니파 원리주의자 군단이 수도 카불을 공략, 이슬람 권력을 세웠다. 탈레반은 탈레브(이슬람 신학교)에서 나온 말로 흔히 신학생 그룹으로 소개되었지만 단순한 학생조직이 아니라 이슬람 혁명을 추구하는 무장정치 그룹이다. 이슬람 혁명을 외치며 펼친 그들의 극단적인 청교도 정책은 이란 혁명 초기를 연상케 하지만, 시아파 이란과는 대립관계이다.

아프가니스탄에서 이슬람의 승리를 막으려 한 소련의 개입은 이슬람의 완벽한 승리로 끝났다. 그뿐 아니라 이 산악 국가에서의 굴욕적인 패배는 소련 제국의 해체와 함께 슬라브 민족권과 이슬람권 간의 분리를 촉진하는 계기가 되었다.

나폴레옹이 러시아 원정의 패배로 몰락했고 러시아 제국이 일본에 패해 붕괴했듯이 소련 제국은 아프가니스탄에 눈이 멀어 최후를 재촉하게 되었다.

14. 사다트 암살

1980년대 전반은 냉전의 해빙 무드가 가라앉고 다시 결빙을 맞이한 시기에 해당한다. 미 · 소 양 대국은 소련군의 아프가니스탄 침공, 폴란드의 노동자(연대) 운동 출현과 군정 수립, 미국의 스타워즈 계획, 유럽을 목표로 한 소련 중거리미사일 포진 등을 둘러싸고 최악의 대결국면을 보였다. 1980년 미국은 모스크바에서 열린 올림픽대회에 불참했고, 1984년 로스앤젤레스 올림픽대회 때는 소련이 불참했다.

중동에서는 이집트와 이스라엘이 평화협정을 맺는 한편 이란에서는 이슬람 혁명이 일어났고, 이라크와 이란 간에는 8년전쟁이 벌어졌으며, 1981년 10월에는 이집트 대통령 안와르 사다트가 암살되었다.

우익연합(리쿠드) 정권하의 이스라엘은 아랍 세계의 혼란을 틈타 팽창정책을 계속 펼쳐 나갔다. 최대의 적수였던 이집트와는 화해를 하였고 미국으로부터는 무조건 원조를 받게 된 만큼, 점령지역에 대한 식민정책은 거칠 것이 없었다. 이스라엘 의회는 예루살렘 전역을 수도로 지정하고 골란 고원을 합병한다는 선언을 발표한다. 1982년에는 레바논을 침공하여 시리아군 및 PLO와 싸운 끝에 PLO의 거점을 레바논에서 튀니지로 몰아낸 것도 이 시기였다.

팽창정책과는 관계없이 이스라엘이 캠프 데이비드 합의에 따라 시나이 사막을 이집트에 반환한 이유는 베긴, 샤미르(Yitzhak Shamir), 샤론 등 우익 지도자의 유대원리주의 이데올로기에 따르면 시나이 사막은 신이 정해 준 약속의 땅 에레츠 이스라엘(유대민족의 나라)의 범주에 해당하지 않는다는 안도감이 있었기 때문이다.

하지만 한편으로는 그들이 약속의 땅이라고 확신하는 요르단강 서안 지역, 『구약성서』에서 말하는 유데아 및 사마리아 점령지에 대한 이주는 한층 더 확대되었다. 이스라엘은 냉전의 제2결빙기를 점령지역을 영구 지배하기 위한 지반 굳히기에 응용할 수 있었다.

1981년 10월 6일 이집트 대통령 안와르 사다트는 10월전쟁의 승리를 기념하는 군대행진을 사열하던 중 이슬람 우익조직이 사주한 암살자의 총탄을 맞고 단상에 쓰러졌다. 암살자들은 "이집트에 불신과 외세 사회를 만든 지도자에게 천벌을 내렸다"라고 외쳤다.

사다트는 이스라엘을 방문하고 캠프 데이비드 회담에 참석했으며 유대인 국가와 전대미문의 평화를 성취하는 등 대담한 외교를 통해 국제무대에서 화려한 조명을 받았다. 그는 나세르의 유산인 소련과의 우호관계를 청산하고 미국의 품으로 들어가 닉슨, 키신저와 우정을 돈독히 함으로써 미디어의 주목을 끌었다. 미국이 이집트에 제공한 경제원조는 1973년 3억 달러에서 1981년에는 15억 달러로 급증하였다.

그러나 화려한 조명의 이면은 어두웠다. 아랍연맹은 사다트가 적에게 몸을 팔고 팔레스타인 동포를 저버렸다고 비난하며 이집트를 퇴출시켰고, 아랍 석유 왕국들은 일제히 원조를 중지했다. 아랍 세계의 전통적인 맹주였던 이집트가 따돌림을 당하게 된 것이다.

사다트는 서방으로의 접근을 추진하는 동시에 서구 자본주의에 대한 개방을 가속화했다. 서방과의 거래로 하루아침에 부를 거머쥐게 된 은행, 무역상, 기업가 같은 벼락부자들이 출현하였고 사치가 난무했다. 사다트의 딸들도 신흥계급 부자와 결혼하였고 과거 나세르가 시도했던 금욕적인 사회개혁은 사라졌다.

이집트에서의 이슬람 청교도 사상과 운동은 그 어느 곳보다 빨리 1920년대부터 시작되었는데, 이러한 급속한 서구화 개방경제는 이슬람원리주의의 사상과 운동을 자극했다. 이란의 시아파원리주의와 마찬가지로 이집트의 수니파원리주의도 이슬람은 초기의 도덕으로 회귀함으로써 서구 문화의 침투와 지배로부터 민족을 지켜야 한다고 주장한다. 이란과의 차이점이 있다면 시아파 사회는 성직자 계층이 이러한 사상과 운동의 원동력이 된 것에 반해 수니파 성직자 조직은 전통적으로 세속권력에 대해 순응적이어서 중산층 지식인, 학생, 도시의 중소상인 등이 운동의 핵심이었다는 점이다.

사다트는 민주주의 체제를 갖추기 위해 좌우 정치단체의 자유로운 활동을 인정하고, 나세르 시대에 금지되었던 이슬람원리주의의 가장 오래된 조직인 무슬림동포단의 정치 참여를 인정했다. 무슬림동포단은 약 300만의 신도를 거느린 단체인 무슬림동포단 가운데 소수만이 정치에 참여하고 있었으나, 유력한 공산당과 좌익 나세르파의 대두에 대항할 수 있는 위력을 갖고 있다고 기대했기 때문이다.

과거에는 나세르 암살을 획책했던 무슬림동포단이었지만 사다트 정권과의 공존에 처음에는 동의하였던 것 같다. 그러나 사다트가 이스라엘을 방문하고 미국의 중재로 평화에 합의하자 그에 대한 배신감을 느끼고 적의를 품게 되었다.

원리주의자 중에서 무장 단체가 생겨나 정부 각료를 인질로 삼고 살해하거나 폭동을 일으키게 된다. 사다트는 무슬림동포단을 포함하여 열광적인 종교단체에 대한 탄압을 재개하고 마침내는 정권에 협조하는 정당 외에는 모든 단체의 활동을 금지하였다. 뿐만 아니라 이슬람주의자, 진보파, 나세르파, 공산주의자 등을 검거하였다.

국제무대에서는 중동 평화의 영웅이었고 개방 자유경제를 도입한 지도자였으나, 마침내 국내 정치무대에서는 철저한 독재를 펼쳤던 것이다. 이집트의 대통령은 임기 6년에 재선까지만 인정되고 있었으므로 사다트는 원칙적으로 1982년에는 물러나야만 했다. 그래서 그는 헌법을 개정하여 종신대통령제를 만들 준비를 하였다.

이집트 부흥의 영웅이 되었을지도 모를 안와르 사다트의 운명을 달리한 것은 열병식에 참석하여 대통령 주변에 접근한 원리주의 무장단이 발사한 총탄 때문이었다.

15. 이란 · 이라크전쟁

1980년 9월에 시작되어 1988년 8월에 끝난 이란 · 이라크전쟁은 가장 무의미한 희생자를 낸 전쟁 중의 하나였다. 쌍방에 40만 명의 사망자와 75만 명의 부상자가 발생했고 약 1조 달러가 넘는 전쟁비용이 들어갔다. 이는 이란이 1919년부터, 이라크가 1931년부터 석유를 세계 시장에 수출하여 얻은 석유 수입 총액을 훨씬 넘는 어마어마한 거액이다.

전쟁을 일으킨 자는 사담 후세인이다. 그는 소련과 우호조약을 체결하고 석유회사를 국유화했으며 이라크를 제1급 산유국으로 키웠다. 항상 군복을 입고 있었으나 군인 출신은 아니며, 바트당 당수가 되고부터 모략을 일삼아 경쟁자와 동료를 암살하고 독재를 구축한 수법은 스탈린과 닮았다.

후세인은 두 가지 오산에서 출발하여 전쟁이라는 모험을 택한 것으로 보인다. 하나는 이란 혁명이 이라크 남부 주민의 대부분을 차지하는 시아파 아랍인에게 전파되어 바그다드에 대한 반란을 유발할 것을 염려한 불안감이었다. 이라크 지도자를 불안하게 할 정도로 이란 지도자는 혁명방위대의 혈기왕성한 청년들에게 혁명의 수출을 선동하고 있었던 것이다. 또 하나는 이란군이 혁명의 여파 속에 붕괴된 틈을 타서 쉽게 승리를 거둘 것으로 확신한 것이다. 승리를 거두면 사담 후세인은 나세르의 뒤를 잇는 아랍 세계의 영웅으로 추앙받고, 이란을 대신하여 페르시아만(아라비아만)의 헌병 역할을 맡게 될 것이다.

사담 후세인은 전쟁을 선언하자마자 1975년 이란 왕과 맺은 알제 협정을 파기하고 양국 국경을 흐르는 샤트알아랍강(Shatt al-Arab)에 대한 영토권을 주장했다. 알제 협정은 이란이 이라크 북부 쿠르드족 독립운동에 원조를 그만두는 대가로 이라크가 강의 중간 유역을 국경으로 인정한다는 내용의 합의이다. 사담 후세인은 이를 이용하여 쿠르드족을 진압하였다.

이라크군은 기습공격으로 이란 남부의 유전지대인 후제스탄을 점거하지만 1982년 여름에는 순국정신에 불타는 이란군의 반격으로 후퇴하였고, 1986년 여름까지 전투는 이라크 영토 내에서 전개되었다. 이라크 남부의 석유 적출항으로 중요한 파오 반도가 이란군에게 넘어가고, 북부에서는 이란군이 쿠르드족의 협력을 얻어 할라브자(Halabja)를 점거하였다. 1988년 3월에는 사담 후세인의 공군이 이 도시에 화학무기인 독가스탄을 투하하여 5,000명의 시민을 살육한 사건이 발생하였다.

장기간의 소모전과 상호 석유 시설을 파괴하는 전쟁국면은 1987년경부터 전환하기 시작했다. 유엔의 정전호소 결의를 이라크가 수락한 반면 이란은 전쟁책임자의 처벌을 요구하며 거부하였지만, 1988년 상반기 이란군은 일련의 전투에서 패배하고 이라크 내의 점거지역에서 철수했다. 호메이니가 '독약을 마시는 것보다 훨씬 괴로운 심정'이라면서 유엔 결의를 수락하고 정전이 성립된 것은 1988년 8월 20일이었다.

정전은 이루어졌지만 평화는 오지 않았다. 사담 후세인은 이라크의 승리를 구가하였지만 유엔 결의는 전쟁책임에 대한 추궁을 규정하고 있었고, 전쟁책임자가 누구인지는 후세인 자신이 잘 알고 있었으므로 평화회담에 응하려고 하지 않았다.

이 같은 공허한 휴전이 계속된 후 이라크가 유엔 결의에 의한 해결과 샤트알아랍강 경계선을 둘러싼 1975년 알제 협정의 회복을 이란에 제의하고 이란이 그것을 받아들인 것은 1990년 8월이었다. 이는 이라크군이 쿠웨이트에 침공하여 걸프 사태를 야기시킨 지 이틀째 되는 날이다. 그렇다면 무엇을 위한 8년간의 전쟁이었을까? 그야말로 무의미한 전쟁이었고 결정적으로 미국을 중동에 끌어들이게 한 전쟁이었다.

미국은 이란·이라크전쟁을 통해 처음으로 중동전쟁의 실질적인 교전국으로 개입하였다. 이라크의 편을 들어 이슬람 혁명이 아라비아 석유 왕국에 침투되는 위험을 막고 페르시아만의 질서를 보호하여 자신들의 석유 기반을 지키기 위한 것이었다.

미국이 페르시아만의 안전보장에 대하여 입장을 분명히 밝힌 것은 1980년 10월 카터 대통령의 연두교서이다. 카터는 "외부 세력에 의한 페르시아만 지배의 기도를 미국의 중요 권익에 대한 침해로 간주하고 군사력을 포함한 필요한 대항조치를 취한다"라는 내용의 카터 독트린을 천명한 것이다. 이란은 이슬람 혁명의 수출을 부르짖었고 1979년 12월 아프가니스탄에 침입한 소련군이 페르시아만 유전을 장악하려고 한다는 사실이 전해지면서 긴장이 고조된 시기였다.

카터 독트린의 내용은 이전부터 미국 대통령이 암묵적으로 말해 오던 것인데, 새로운 긴장 상태에 직면하여 공식적으로 이를 천명한 이유는 앞으로 미국은 페르시아만과 아라비아 반도 그리고 그 유전과 석유 권익을 제3자에게 양보하지 않겠다는 세계 전략의 표명이다. 과거 영국 외무장관 랜스다운 후작은 1903년 "어떠한 제3자도 페르시아만에 진입하는 것을 허락하지 않겠다"라고 선언하면서 이 지역을 영국의 독무대로 할 것을 강조한 적이 있는데 미국은 영국이 사라지고 난 독무대를 물려받았음을 명확히 한 것이다.

카터는 그 선언을 통해 중동의 권익을 지키기 위해 육해공 3군으로 구성된 긴급행동부대의 편성을 밝혔다. 그러나 현실적으로 당시 미국은 걸프에 기지도 없었고 징병제 폐지로 걸프에 배치할 수 있는 병력은 한정되어 있었다.

이란 · 이라크전쟁의 8년간은 재선에 성공한 레이건 정권 시기와 거의 일치한다. 미국의 입장에서 볼 때 이라크는 이스라엘을 원수로 여기는 '거절전선'의 주역이며 소련의 하수인이었다. 한편 이란은 아라비아 반도를 위협할 뿐만 아니라 미국에 대한 증오로

인해 언젠가는 소련의 영향 하에 들어갈 것으로 예상되는 위험한 존재였다. 따라서 미국은 전쟁이 시작된 처음 2년간은 한쪽이 일방적으로 승리하지 않도록 공작을 펼치며 전쟁이 끝나면 이 지역에 미국의 존재를 각인시킬 수 있는 방법을 찾고자 하였다.

미국이 점차 이라크에 기울며 마침내 공공연히 이라크의 보호자를 자처하게 된 것은 1982년 3월 이란군의 반격이 성공을 거두어 전투무대가 이라크 내로 이동하였기 때문이다. 이란의 전쟁목표도 사담 후세인 타도에서 이슬람 혁명으로 공공연하게 확대 · 강조되었다. 만약 이라크가 패한다면 혁명의 열기가 이라크 남부의 시아파 주민에서 걸프를 거쳐 산유국으로 전파되는 것은 시간문제였다. 걸프 지역의 카타르, 바레인은 시아파 주민이 인구의 주요 부분을 차지하고 있고 사우디아라비아의 석유 노동자 중에도 시아파 신도가 상당수 있었다. 걸프 지역의 6개국이 처음으로 일종의 유기적 동맹(걸프협력기구, Gulf Cooperation Council)을 조직한 것도 긴박한 위기감을 조성하였다.

미국은 1984년 이라크에 무기 공급을 개시하여 17년간이나 단절되었던 외교관계를 열었다. 이라크가 1985년경부터 전황을 유리하게 전개하게 된 것은 미국의 지원 덕분이었다.

이란군이 파오 반도를 공략하고 바스라항까지 접근한 1986~1988년 미국이 이라크에 보낸 군사 · 경제원조는 급증하였고 사담 후세인은 '미국의 호수'가 된 페르시아만의 안전을 관리하는 파트너가 되었다. 미국은 쿠웨이트 유송선이 이란의 공격을 피할 수 있도록 성조기를 달고 항해할 수 있게 허가하였고, 위협을 위한 군사적 시위로서 이란의 해저유정을 파괴하기도 했다.

1987년 5월 17일 이라크의 실수로 발사된 미사일이 미국의 소형 함정에 명중하는 사건이 일어났다. 이에 대한 레이건의 반응은 오발된 미사일처럼 표적을 벗어난 것이었다. 페르시아만의 자유항해를 방해하는 책임자로서 소련과 이란을 거론하며 소련에는 경고를, 이란에는 전쟁선언과 마찬가지인 위협을 하면서도 이라크의 실책에 대해서는 아무 언급도 없었다. 레이건이 이라크와 이란 두 나라의 이름을 혼동하였다는 것이 당시 미디어 세계의 조크였다.

미국이 페르시아만과 아라비아의 권익을 지키기 위해 혁명 세력과 싸우는 이라크의 수호자를 자청한 것은 나름대로 이해할 수 있는 전략이었다. 그러나 그것만은 아니었다. 과거 영국이 중동에서 자신들이 꾸민 술책에 빠져 갈피를 못 잡았듯이 미국도 자신들이 편 술책에 빠져 헤어나지를 못했다.

그것이 1986년 11월에 폭로된 소위 이란게이트이다. 과거 닉슨 정권을 붕괴시켰던 워터게이트 사건을 모방하여 붙여진 명칭인데 이란 콘트라 사건이라고도 부른다. 이는 레이건 정권을 한때 위기에 빠지게 할 정도의 큰 사건이었다.

미국 지도부의 중동 정책을 수립하는 국가안정보장회의와 중앙정보국의 일부 간부들이 의회의 엄중한 금지결의를 무시하고 비밀리에 이란으로 무기를 수출하였고, 그 수익을 그들의 친우인 니카라과 우익 게릴라 세력인 콘트라의 원조자금으로 활용한 것이다. 그리고 미국제 미사일을 이란에 인도하는 대가로 이란은 레바논에 인질로 잡혀 있는 미국 시민의 해방을 중재한다는 비밀공작도 포함되었다. 이처럼 이란을 도와주면 언젠가는 이란 내에 온건파 반소련 정치 세력이 대두하여 호메이니의 과격혁명파를 대신하는 데 기여하게 될 것이라고 계산한 것이다. 레이건은 3,000기의 미사일과 인질을 교환한다는 계획에 청신호를 보냈다.

원래 미국과 이란이 직접 거래를 할 수는 없으므로 중개역으로 나서 큰 수익을 올린 것은 이스라엘과 사우디아라비아 그리고 이란의 무기 밀수 상인들이었다. 그러나 니카라과 좌익정권과 싸우는 콘트라에 보낼 무기를 실은 미국 수송기가 니카라과에서 추락하는 사고가 발생했고 생존한 조종사의 고백으로 모든 획책은 수포로 돌아갔다.

이 스캔들은 레이건 정권사에서 의회 무시와 권모술수를 드러낸 최악의 실책이었다. 그럼에도 불구하고 레이건은 아무 탈 없이 8년간의 임기를 보낼 수 있었다. 레이건 시대는 냉전의 재결빙기에 해당한다. 소련의 진출을 막기 위해서라면 중동이든 어디든 그리고 그 수단이 무엇이든 묵인되었다. 이러한 미국의 두 마리 토끼 전술은 결국 아무런 성과도 얻지 못하고 마는데, "두 길을 가는 자는 어디에도 도달하지 못한다"라는 고대 페르시아의 속담이 생각난다.

16. 걸프전쟁

1990년 여름 사담 후세인 군대에 의한 쿠웨이트 침공은 2년 전에 끝난 이란 · 이라크전쟁이 도달한 마지막 장(章)으로 간주할 수 있다. 두 번이나 침략 전쟁을 벌인 자는 바그다드의 독재자였다. 이번에는 국가를 통째로 강탈하려고 하였으므로 한층 중대한 상황이었다.

서구와 중동 국가들의 대응 또한 이번에는 달랐다. 이란과 싸운 이라크 편을 들었던 아랍국들이 이번에는 두세 나라를 제외하고 모두 미국이 주도한 이라크 토벌진영에 참여했다. 이슬람 혁명과 싸운 이라크의 편을 섰던 미국이 이번에는 쿠웨이트 편을 들고 바그다드의 독재자를 처벌하기 위해 국제적인 정벌군을 구성하였다.

세계는 격변하였다. 이란 · 이라크전쟁은 미국과 소련이 날카롭게 대립한 제2의 냉전 시대였지만, 이제 그 전해인 1989년 이미 베를린 벽이 무너졌고 동유럽에 시민혁명이 일어났으며 소련은 붕괴되어 가고 있었다. 미국은 이라크 정벌계획에 유엔의 지지를 얻었고 30여 개국에 달하는 국가에서 군대를 파병하였다. 고르바초프의 소련은 군사적인 협력은 하지 않았으나 미국을 지지한다고 밝혔다.

이라크가 이란과의 전쟁에서 승리했다면 아랍 석유 왕국과 미국의 원조가 컸을 것이다. 사담 후세인이 이란 왕의 뒤를 이어 일

시적이긴 했지만 걸프에서 미국의 권익을 지키는 역할을 맡았던 것도 미국과 석유 수장들이 바그다드의 독재자가 언젠가는 온건한 개혁자로 변모할 것이라고 기대했기 때문이다. 미국은 불길한 소식이 바그다드에서 들려와도 눈을 감고 유화자세를 견지했다.

바그다드의 독재자가 쿠웨이트를 침공한 이유는 간단하다. 이라크 민중은 원래 쿠웨이트를 이라크의 일부로 알고 있었다. 영국은 1922년 분할통치의 원칙에 따라 메소포타미아에 이라크 왕국을 창건할 때 그 일부를 할애하여 쿠웨이트 수장의 토후국을 만들었다. 더구나 쿠웨이트는 이라크의 걸프 출입을 봉쇄하는 위치에 있다. 지도에서 보듯이 이라크의 형태를 큰 풍선에 비유하면 걸프에 접하는 부분은 공기 주입구 정도밖에 안 된다. 나세르가 수에즈 운하를 서구 열강으로부터 되찾았듯이 영국이 만든 수장국을 탈환하고 석유에 떠 있는 섬 쿠웨이트를 차지하면 이라크는 세계 석유 매장량의 40퍼센트를 지배하고 세계 제4위의 군대를 보유함으로써 중동의 프러시아 같은 지위를 차지하게 될 것이다.

사담 후세인은 미국과 아랍국들로부터 받은 원조를 시민경제 생활의 재건보다는 군사력 증강에 썼다. 더구나 전쟁 시 도와준 석유 수장국에 대해서도 보답보다는 증오를 표명하였다. 왜냐하면 이슬람의 급진적 혁명의 폭풍을 막아 주었는데 욕심 많은 수장들은 이라크에 보답하지 않는다는 불만을 품었기 때문이다.

이라크는 최대 재원인 석유 수입(收入)을 늘리지 않으면 전쟁이 초래한 피폐로부터 회복할 수 없었다. 그리고 수입을 늘리기 위해서는 원유가격을 인상해야 하는데 세계 시장은 1배럴당 12달러 수준으로 떨어져 사담 후세인이 주장하듯이 20~25달러로 인상될 것 같지 않았다. 석유 수장국은 OPEC에서 정한 할당생산량을 무시하고 증산을 계속했다. 사우디아라비아와 걸프 산유국들은 원유가격의 하락경쟁에 일조할 뿐이었다. 사담 후세인이 침공 직전에 미국 대사에게 이라크는 원유 시장의 조작으로 70억 달러의 손실을 보았다고 항의하였다.

이라크와 쿠웨이트 간에는 이전부터 두 나라의 국경선에 걸쳐 있는 루마일라(Rumaila) 유전과 쿠웨이트가 영유한 걸프의 두 개의 작은 섬에 대한 귀속을 둘러싸고 분쟁이 끊이지 않았다. 이라크는 쿠웨이트군이 루마일라 유전을 점거하여 매년 20억 달러 이상을 훔쳐가고 있다고 비난했다.

아마도 사담 후세인이 쿠웨이트 침공을 결심하게 한 최후의 심리적인 일격은 이란과의 전쟁 중에 쿠웨이트 · 아랍에미리트 · 사우디아라비아가 약속한 300억 달러 차관에 대한 취소였다. 이에 후세인은 쿠웨이트를 이라크의 열아홉 번째 주로 편입하고 서구 제국주의가 마음대로 정한 국경을 바꾸고 소유권에 도전하겠다고 마음먹었을 것이다.

1990년 8월 2일 새벽 이라크군 약 10만 명이 국경을 넘어 손쉽게 쿠웨이트의 수도를 함락했을 때 수장 일족은 이미 나라를 버리고 사우디아라비아로 도망간 뒤였다.

쿠웨이트의 사바하 가문은 18세기부터 유력한 수장이 되었고

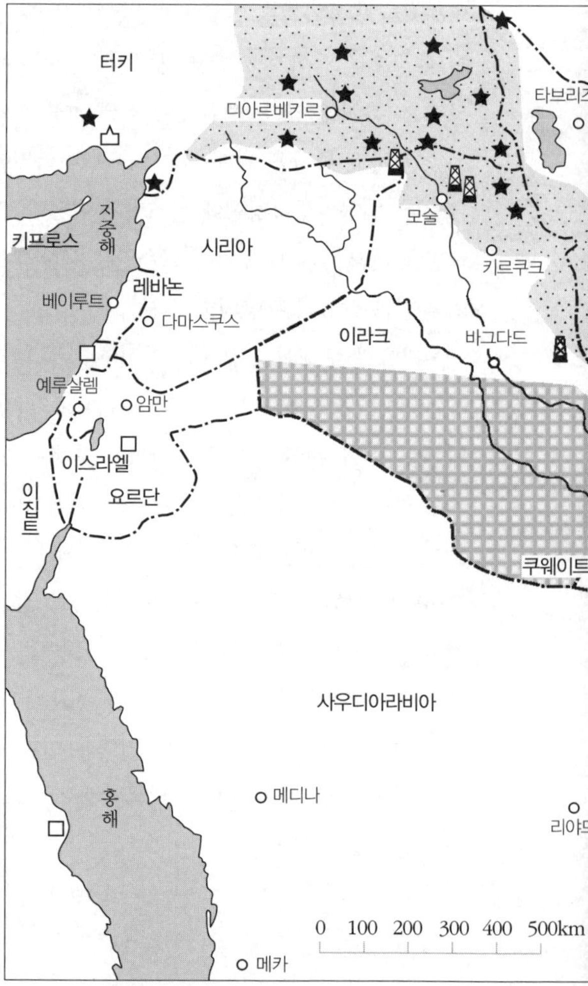

지도 7. 페르시아만 및 쿠르디스탄에서의 유전과 군사 상황

쿠르드족 지역
(쿠르디스탄)
동 지역에서의 충돌 지점
주요 유전
미 · 영 연합군 감시하의
이라크 비행금지구역
미 군사 기지
미군에 제공된 군사 시설
카스피해
테헤란
이란
바스라
미 제5함대
페르시아만
바레인
다하란
카타르
두바이
아부다비
아랍에미리트
오만

영국의 비호와 부족 간의 합의하에 권위를 유지하였다. 1981년 영국에서 독립한 것은 제11대 수장 때였고 제한된 형태이긴 하나 일종의 부족적 민주주의의 관행이 유지되었다. 그러나 11대 수장 사후 사바하 가문의 두 파가 세력경쟁을 벌였고, 이후 왕가 일족의 약 2,000명에 이르는 왕자들이 경쟁적으로 석유의 부를 독점하고 분할하여 부유하고 취약한 사막의 도시국가가 출현하였다.

쿠웨이트 왕족은 외국에 투자한 1,000억 달러에서 매년 석유를 판매한 금액을 뛰어넘는 60억 달러 이상의 이윤을 거두어들였다. 이 부는 이 지역에서 예부터 시민권을 갖는 70만 쿠웨이트 주민을 풍족하게 하였지만, 실제로 경제활동을 하는 120만의 팔레스타인인 · 이집트인 · 파키스탄인 · 필리핀인 등의 이민노동자는 혜택을 누리지 못했다.

쿠웨이트 수장과 그 일족은 이라크군이 왕궁으로 향하고 있다는 연락을 받자마자 도주하였다. 부자는 싸우지 않는다는 말처럼 쿠웨이트는 아랍 세계에서도 마지막까지 태도를 정하지 않는 것으로 유명하지만, 이때 수장의 결단은 역사에 남을 정도로 신속하였다.

일단 이라크는 군사행동에 성공했다. 미국은 정보활동의 빈틈을 드러냈을 뿐만 아니라 수년간에 걸친 이라크 외교에 뒤통수를 맞은 격이었다. 쿠웨이트를 함락한 이라크군은 사우디아라비아를 위협했고, 이는 아라비아 왕국에 권익을 갖는 미국과 그 석유자본에 대한 도전이었다. 또한 냉전 후 새로운 세계 질서를 구축

중이던 미국에 대한 겁 없는 도전이기도 하였다.

사담 후세인의 침략은 분명 정치적 · 경제적 · 물질적 갈망에서 출발한 행동이었지만, 제국주의 지배가 남긴 유산과 전통을 뒤집으려는 역사적 도전이기도 했다.

텍사스의 석유 부호인 부시(George W. Bush) 대통령은 이전부터 외교 문제에 관한 한 느리다는 평판을 얻고 있었는데, 이때만큼은 신속하였다. 이라크가 쿠웨이트를 침공한 8월 2일 전쟁을 결심했다. 영국의 총리 대처(Margaret H. Thatcher) 여사가, 이라크의 침공에 대해 이는 히틀러의 정복을 허용한 뮌헨 회의의 실패를 상기해야 할 상황이며 망설여서는 안 된다고 조언한 것이 부시로 하여금 결단을 내리게 했다고 한다. 8월 2일부터 미국이 이라크에 최초의 공격을 개시한 1991년 1월 16일에 이르기까지 그는 외교적 해결 또는 봉쇄정책을 권유하는 국무장관과 군사전문가의 의견을 물리치고 미국을 전쟁의 방향으로 끌고 갔다.

부시는 미군의 진주를 꺼리던 사우디아라비아 국왕이 마지못해 동의하자마자 곧바로 15만의 병력을 파병하였다. 소련도 포함하여 유엔은 이라크를 고립시키려는 미국의 전략을 지지하였고 이라크군을 쿠웨이트에서 몰아내기 위해 "모든 필요 수단을 취한다"라는 결의를 채택하였다.

과거 이라크의 동맹국이자 무기 제공자이던 소련이 미국 편을 든 것은 세계의 변화를 알리는 사건이었다. 이라크의 쿠웨이트 침략은 유엔이 정한 침략 정의 규정에 일치하였을 뿐만 아니라

1991년 4월, 검은 연기를 뿜어내며 타오르는 쿠웨이트의 유전

중동에서의 권익과 위신을 무력으로 지키려는 미국의 욕구는 집단안전보장을 중시하는 유엔의 원칙과도 정확히 맞아떨어졌다.

부시는 사우디아라비아에 병사를 파병하고 이라크에 대한 경제 제재 조치를 철저하게 취했고 유엔의 전면적인 지지를 얻은 이상, 교섭에 의한 해결에 관심을 가질 필요가 없었다. 이라크 쪽에 기운 요르단 · 예멘 · 튀니지 · PLO에 대해서는 적과 동일시했다.

이라크는 이스라엘이 팔레스타인 점령지역에서 철수하면 쿠웨이트에서 철수하겠다고 주장하면서 쿠웨이트 침공에 대한 명분을 세우고자 했다. 이는 팔레스타인인을 기쁘게 한 외교 공세였지만 미국은 들은 척도 안했다.

부시는 1991년 11월까지 사우디아라비아 주둔군을 50만 명으로 증원하였다. 같은 달 29일 유엔은 "이라크군을 쿠웨이트에서 철수시키기 위한 무력행사를 45일간 유예한다"라는 결의를 채택했다. 다음 해인 1992년 1월 15일까지는 기다린다는 최후통첩이었다. 사우드가가 지배하는 왕국 사우디아라비아는 무신론자의 침략에 성전을 외쳤고 이라크는 청결한 아라비아에 이교도 군대를 들여온 사우드가에 성전을 포고하였다.

유예기간이 얼마 남지 않은 1월 9일 제네바에서 미국과 이라크의 외무장관 회담이 열렸으나 이는 단순한 연출이었고 부시는 담판 결렬을 바랄 뿐이었다. 제네바에서 미국 국무장관 제임스 베이커(James Baker)가 사담 후세인에게 전달하려고 한 부시의 친서에는 이라크의 거부를 유도하는 "완전히 철수하거나 쫓겨나거나 둘 중에 하나를 선택하라"라는 거침없는 내용이 적혀 있었다. 이라크 외무장관은 친서를 보고 곧바로 되돌려 보냈다.

걸프전쟁은 부시의 전쟁이 되었다. 미국이 지휘하는 다국적군의 이라크 정벌, 사막의 폭풍작전은 1월 16일부터 42일간 지속되었다. 공중폭격은 38일간 계속되었고 지상전은 불과 100시간, 이것이 걸프전쟁의 내용이다. 쌍방의 군사력과 전투 능력은 처음부터 하늘과 땅만큼이나 차이가 있었기 때문에 이라크군은 저항할 여력도 없었다. 이라크 병사들의 유일한 공은 쿠웨이트 유전을 철저히 폭파시킨 일이었다.

사담 후세인은 병사들에게 '어머니 같은 전투'에 사력을 다하라고 격려하였는데, 전투 중에서도 사활이 달린 중요한 전투라는 의미이다. '어머니 같은'이란 이슬람의 성지 메카를 '어머니 같은 곳'이라고 표현하는 것에서 빌려 온 말이다. 그러나 첨단군사기술은 사기도 전의도 상실한 소국의 군대를 가차 없이 파괴하였고 이라크군은 '어머니 같은 패배'를 맛보아야 했다.

쿠웨이트 전선을 시찰하는 후세인

이라크군은 쿠웨이트에서 패주하였고 사바하 왕가는 쿠웨이트로 귀환했다. 미국과 유엔이 정한 전쟁의 기본목표는 달성되었다. 그러나 사담 후세인은 여전히 바그다드 권력의 자리를 유지할 수 있었다.

미국과 다국적군이 참가한 전쟁의 숨은 목표는 이라크의 군사적 패배가 사담 후세인 정권의 붕괴를 초래하는 데에 있었다. 전쟁 중 부시는 이라크 국민에게 반란과 봉기를 선동하며 사담 후세인 정권의 붕괴를 강조했다. 물론 이라크 내에 반란과 봉기는 있었다. 1992년 3월 초 이라크 군의 패배가 기정사실로 되자 남부의 시아파 아랍 민중이 바그다드를 대대로 지배해 온 수니파 권력에 반기를 들고 나섰고, 북부에서는 쿠르드족이 봉기하여 주요 유전지대를 장악하였다. 부시가 진정으로 사담 후세인을 제거하려고 했다면 그렇게 좋은 기회는 없었다. 그런데 미국의 정책은 말과는 달리 적을 구원하는 방향으로 급전환한다.

부시 대통령이 국무성과 국가안전보장회의의 권고를 받아들여 방향을 바꾼 것은 3월 26일이다. 이대로 이라크를 내란과 봉기의 소용돌이 속에 붕괴하도록 방관하면 북부에는 쿠르드족 독립공화국이 출현하여 이란과 터키에 사는 쿠르드족이 흘러 들어와 통제할 수 없는 혼란이 발생할 것이며, 이러한 혼란은 북부 유전지대의 운명과 직결된 중요한 문제를 야기할 것이라는 우려에서였다. 나아가 남부 시아파 주민의 반란은 이란 이슬람 혁명에 흡수되면서 걸프를 위협하는 요소는 더욱 커질 염려가 있었다. 이 권고는 분명 관측 이상의 진실성을 포함하고 있었다.

미국은 사담 후세인에게 가할 마지막 일격을 단념하였고 부시의 전쟁은 중도하차하였다.

이라크는 하심 왕가에 의한 건국 당시부터 이슬람 수니파 지배자들이 통치했다. 하심 왕가, 카셈 장군, 사담 후세인에 이르기까지 수니파 지배자이다. 그러나 이란 총인구 중 수니파 아랍 주민은 남부에 사는 시아파 인구 55퍼센트, 북부 쿠르드족 27퍼센트에 비해 놀라울 정도로 소수였다. 국가 성립 후 발생한 수많은 반란에서 알 수 있듯이 북부 쿠르드족과 남부 시아파 주민의 바그다드 권력에 대한 오래된 적의와 원한은 깊었다. 그렇지만 이라크를 하나의 국가로 통합해 나갈 능력이 있는 것은 군사와 행정조직에 능통한 수니파 외에 없다는 결론이 미국 정책입안자들 사이에서 승리를 얻은 것이다.

생각지도 못하게 사담 후세인은 '어머니 같은 기적'의 은혜를 입었다. 그는 미국이 간과했던 헬기에 대한 사용을 충분히 구사하여 쿠웨이트에서 거의 무사히 귀환한 정예군을 남과 북으로 보내 시아파 주민의 반항을 물리치고 성역을 파괴하였으며 쿠르드족을 다시 산악지대로 추방하였다.

28개국이 미군의 후원군으로서 참가한 장대한 걸프전쟁은 미국의 석유 자본과 군수산업이 후원한 부시의 전쟁이었다. 이라크를 실험장으로 신형 무기를 마음껏 테스트하고 베트남에서 입은 굴욕의 후유증을 잊어버릴 정도의 승리를 거두었다. 그럼에도 불구하고 사담 후세인은 권력의 자리에 건재하였고, 쿠웨이트는 여전히 수장 지배가 계속되었으며, 이교도의 군대 진주를 허락한 사우디아라비아 왕실의 위신은 흔들리고 있었다.

부시의 전쟁이 군사적으로는 완전한 승리를 거두었지만 정치적인 결말은 용두사미의 혼란으로 끝났다. 결국 군사적인 성공을 거두었음에도 걸프전쟁의 정치적 결말은 부시 대통령 재선에 유리하게 전개되지 않았다고 볼 수 있다.

제3부
푸른 시대

1. 인티파다－투석 혁명

사담 후세인의 모험은 실패했지만 생각지도 못한 성과를 거두었다. 1991년 10월 말부터 마드리드에서 그리고 워싱턴에서 간헐적으로 일련의 회의가 열려, 이 회의에서 간접적이나마 처음으로 팔레스타인 대표와 이스라엘이 대화를 나누었다. 이스라엘은 지금까지 점령지역에 아랍 주민은 있으나 팔레스타인라는 정치적 실체는 존재하지 않는다고 무시해 왔다.

회의를 주최하고 연출한 것은 미국이었고 고르바초프의 소련은 조감독 역할을 했으니 시대는 변했다. 마드리드에서의 회의는, 사담 후세인이 이스라엘이 점령지역에서 완전히 철수하면 이라크도 쿠웨이트에서 완전히 철수하겠다며 상호 연계 철수를 세계에 표명한 것이 계기가 되었다.

그 주장에 팔레스타인인은 기뻐했고 이라크 정벌에 참여한 아랍 국가 민중들이 공감했다. 걸프전쟁이 일단락된 후 미국이 평화 주선에 나서게 된 것은 역설적이지만 사담 후세인의 쿠웨이트 점령이 계기가 되었다.

미국의 영향력으로도 이스라엘을 교섭의 장에 끌어내기는 어려웠다. 이스라엘의 리쿠드 정권은 베긴의 뒤를 이어 샤미르 수상이 이끌고 있었는데, 샤미르 역시 점령지인 요르단강 서안과 가자를 신이 유대인에게 약속한 신성한 토지라고 믿고 있었다. 걸프전쟁 당시 사담 후세인은 이스라엘에 미사일을 발사하였는데, 이스라엘은 미국의 충고로 군사적인 보복을 삼갔다. 이스라엘이 마드리드 회의에 참석한 것도 미국의 재정원조를 기대했기 때문이다. 이스라엘은 소련에서 유입하는 대량의 이민을 점령지역에 개척민으로 정착시킬 계획을 세우고 있었다. 샤미르가 미국에 100억 달러의 차관을 신청하자 부시는 그 조건으로 마드리드 회의에 참가할 것을 요구했던 것이다.

부시가 이스라엘의 가장 완강한 우익정권을 설득할 수 있었던 것은 그가 미국 내 유대인과 유대인 사회에 대해 호의를 갖고 있지 않았기 때문이다. 유대인을 편애했던 레이건 대통령 밑에서 부통령을 8년간이나 역임하였지만 1988년 대통령 선거에서는 유대인의 표를 불과 5퍼센트밖에 얻지 못했다. 부시와 국무장관 베이커가 이스라엘에 대해 엄격한 대처를 한 것은 그런 이유 때문이다.

그러나 표면적이나마 팔레스타인의 존재를 인정하지 않는 이스라엘의 요구를 받아들여 독립된 팔레스타인 대표단이 아닌 요르단 · 팔레스타인 합동대표단이 회의에 임하게 되었다.

리쿠드 정권은 요르단강 서안을 양도할 수 없는 '유대 민족의 나라'의 일부로 간주하여 팔레스타인의 국가는 요르단강 동안이라고 주장했기 때문이다. 즉 합동대표단은 평화 교섭에 임하는 팔레스타인인 참여를 위한 은신처였다. 요르단의 후세인 국왕으로서는 이는 바람직한 타협은 아니었으나, 요르단이 걸프전쟁 당시 이라크 편을 들어 서구의 지탄을 받은 것에 대한 만회와 경제원조 요청이 타협을 감행하게 하였다.

그렇다면 지금까지 이스라엘이나 미국으로부터 무시당한 팔레스타인 아랍인이 국제 외교무대에 대표를 내보낼 수 있었던 배경을 살펴보자.

'인티파다'라는 점령체제에 대항하는 팔레스타인인의 봉기운동이 그들을 내보낸 것이다. 이 운동이 아니었다면 마드리드 회담도, 그 연장선인 오슬로 회담도 없었을 것이다. 인티파다는 '봉기'라는 의미를 가진 말로 '투석 혁명'이라고도 부른다. 압도적으로 무장한 골리앗에 대하여 팔레스타인의 소년들이 다윗처럼 돌을 던지며 반항한 사건에서 발단되었다.

1987년 12월 초 가자 지구에서 유대인이 운전한 차와 아랍인이 탄 택시가 충돌하여 승객 여러 명이 사망한 사고가 계기가 되어 며칠 후에는 요르단강 서안과 가자 점령지역에서 돌을 던지며 반항하는 아랍 청소년과 이스라엘군 병사 간의 충돌이 순식간에 퍼졌다. 이는 일종의 시민 불복종운동으로 퍼져 나가 아랍 상인은 가게를 닫고 스트라이크를 벌였으며 점령군에게 고용된 경비원, 종업원 등은 보이콧을 전개하였다. 팔레스타인인은 활력을 되찾으며 점령군에 의한 탄압, 체포, 고문에 굴복하지 않고 대항했다. 점령하에 성장한 젊은 세대가 팔레스타인 사회 전체를 움직이게 된 것이다.

이스라엘 점령하의 팔레스타인에서 주민의 반항의 소리는 1982년부터 들려왔지만 이처럼 대규모로 전개된 것은 처음이었다. 점령하의 굴욕과 좌절감 그리고 아랍 국가와 그 지도자들이 팔레스타인 문제를 방관하였을 뿐만 아니라 아랍 수뇌의 정상회담에서조차 팔레스타인 문제가 다루어지지 않아 온 점은 사람들을 억제에서 폭발로 유도하였다. 팔레스타인 젊은이들이 던진 돌은 이스라엘의 영구 점령을 꿈꾸는 자들에게 공포심을 불러일으켰고 영구 점령이 불가능하다는 것을 깨닫게 하였다.

인티파다로 1987~1993년 3년 동안 팔레스타인인 사망자 1,116명과 부사장 수만 명이 발생하였고 이스라엘 측에도 150명의 사망자가 발생했다. 이스라엘 측의 추정으로도 약 200만 인구 중 12만 명의 팔레스타인인이 점령군에 반항하여 투옥되었다. 투석, 살해, 점령군에 대한 비방뿐만 아니라 팔레스타인 국기를 거는 것조차 투옥의 이유가 되었다. 젊은이들에게는 이스라엘의 감옥에 갇히는 것만으로도 애국심의 증거가 되었다. 점령하의 젊은이들

1987년 12월, 가자 지구에서 대치하는 팔레스타인인과 이스라엘 병사

은 어른들이 지금까지 몇 번이나 실패한 일을 훌륭히 성공해 냈다.

이스라엘의 우익정권은 결국 형식적으로는 합동대표단이나 팔레스타인 대표단과 대면하지 않을 수 없었고, 미국 또한 PLO의 대표를 초대하지는 않더라도 '팔레스타인'의 정치적 실체를 인정하지 않을 수 없게 되었다.

PLO는 걸프전쟁에서 이라크의 편을 들었다. 따라서 마드리드에 초대받지 못했고 팔레스타인 대표단을 형성한 것은 PLO 멤버가 아닌 팔레스타인에 거주하는 지식인들이었다.

마드리드의 평화회담과 이어서 1992년 1월 이후 워싱턴에서 열린 중동 평화회담에서 평화를 알리는 고고한 울음소리는 들을 수 없었다. 이스라엘은 평화의 과정을 바랐지만 평화 자체는 바라지 않았다. 팔레스타인 대표가 이스라엘의 승인과 테러리즘의 포기를 규정한 유엔 결의 242호의 수락을 분명히 한 데 반해 이스라엘은 전혀 적극적으로 응하지 않았다. 워싱턴에서 이스라엘 측은 준비된 교섭 장소에 들어가 팔레스타인 대표와 마주하는 것을 꺼려 국무성 복도에서 실랑이를 벌였다.

팔레스타인 대표는 팔레스타인이 봉기를 통하여 국민 국가를 형성하고 있다는 점을 강조하면서 과도적인 단계를 거쳐 국가에 이를 필요가 있으며, 미래에는 독립한 팔레스타인과 요르단이 연합 국가를 만들 용의가 있다고 강력하게 주장하였다. 이는 지금까지 PLO가 내부 사정 때문에 확실하게 공언하지 못하던 타협적이고 평화적인 제언이어서 '비합리적일 정도로 합리적'이라고 형용할 정도였다.

그들의 세련된 외교는 이스라엘의 완고하고 거부적인 자세보다 훨씬 미국의 요망에 부응하는 것이었다. 왜냐하면 이스라엘 측은 평화 교섭을 단절하고 봉기에 대한 진압을 서둘러야 한다는 국내의 압력에 밀려 우익정권의 이데올로기를 고수하며 팔레스타인인과 미국의 소리에 조금도 귀를 기울이지 않았기 때문이다. 샤미르 총리는 평화를 위한 일정에서 최초의 과제인 팔레스타인 잠정 자치 방식과 운영에 관해 언급하기보다는 상대방의 자격과 교섭 방식에 대하여 이런 저런 난문을 제시하며 흐름 자체에 말려드는 것을 회피하였다. 샤미르는 아랍인은 틈만 있으면 이스라엘의 파괴를 꾀하고 있으며 그들 사이에 의견 차이가 있다면 파괴의 방법에 대한 차이밖에 없다는 말을 집요하게 할 따름이었다.

이러한 방해 전술에 화가 난 주선자인 베이커 장관이 '단 한 번밖에 없는 평화의 합승버스'라고 경고했으나, 샤미르는 여전히 상대방의 자격과 운전사 및 속도 등에 대해 불평을 할 뿐 좀처럼 버스를 타려고 하지 않았다. 버스는 중도에 멈추고 말았다. 이스라엘 우익정권의 연립정당이 장래의 교섭의제에 팔레스타인의 자치 문제를 포함시켰다는 이유로 탈퇴함으로써 샤미르 정권은 와해되었고 총선거 실시를 앞당겨야 했기 때문이다.

미국은 중동 평화회담과 동시에 진행하고 있는 소비에트 연방의 붕괴와 대통령 선거에 신경 써야 했다.

2. 미국과 이스라엘

미국과 이스라엘의 관계는 국가와 국가라는 일반적인 통념에서 보면 이해하기 어려운 이상한 요소를 간직한 특수한 관계이다. 이스라엘이라는 국가는 지금은 믿기 어렵겠지만 트루먼 대통령이 통치하던 미국과 스탈린이 통치하던 소련의 축복을 받고 탄생했다.

이스라엘과 소련의 관계는 곧바로 악화하였다. 스탈린은 소련과 동유럽 공산당 내 유대계 지도자 및 지식인의 숙청을 단행했는데, 공산주의 세계에서 시오니즘이라는 단어는 서구 제국주의에 봉사하는 반동과 다름없었다. 소련이 붕괴할 때까지 시오니즘은 불길한 느낌을 주는 말이었다.

이스라엘 건국 당시 유대계이든 아니든 많은 미국 국민은 이스라엘인의 개척정신과 용기에 감동하였고 팔레스타인에서 아랍 왕국의 연합군과 홀로 싸우는 이스라엘에게서 미국을 건국한 선인들의 모습을 보았다. 미국이 세계대전을 자랑스럽게 승리로 장식하고 영광을 누리던 시기였다. 냉전의 전 기간을 통해 미국에게 이스라엘은 동맹관계의 보호자이며 소련은 공통의 적이었다. 소련 내 유대인은 고난의 세월을 보내야만 했다.

이스라엘과 아랍 세계의 적대관계는 중동에서 미국과 소련의 대치관계로 나타났다. 이스라엘이 미국의 원조와 무기로 군사 국가를 건설할 무렵 이집트의 나세르는 1955년 이후 소련으로부터 무기를 받는 길을 택했다. 중동의 냉전은 이 시기부터 시작되었다고 볼 수 있다.

그후 이스라엘은 중동에서 미국의 정책을 직접적 · 간접적으로 대리하는 국가로서 육성되었다. 소련과 아랍 세계에서는 이스라엘을 일상적으로 '미국의 첨병'이라고 불렀으며, 이는 잘못된 표현이 아니었다. 중동에서 이스라엘만이 정상적인 민주주의를 운영하고 있다는 점에 미국은 흡족해 했고 그것은 이스라엘에 대한 지원을 정당화하는 이유가 되었다.

미국이 영국의 뒤를 이어 중동에 진출한 것은 1950년대 후반 무렵인데 이 시기에는 중동 정책을 결정하는 워싱턴 수뇌부에는 두 흐름이 등장했다. 하나는 중동의 현상을 냉전의 프리즘으로 해석하여 접근하는 관점이고, 또 하나는 현상의 발생을 중동 내부에서 찾으며 그 분석을 통해 미국에게 유리한 해결을 모색하는 방법이다.

첫 번째 흐름은 바꿔 말하면 냉전 이데올로기를 반영한 것으로, 중동에서 분쟁이 발생하는 이유는 소련과 그 동맹국들이 공백지대에 침투하여 세력하에 두고자 획책하기 때문이라고 상정한다. 이 시각에서 보면 나세르주의나 아랍민족운동, 그리고 수장 간의 다툼도 결국은 크렘린의 음모 때문이며 소련의 영향력을 봉쇄하기 위해서는 어떤 수단도 정당화되었다.

두 번째 흐름은 분쟁의 근원을 중동의 정치와 사회 내부에서 찾으며 그들 가운데 아군을 찾아내 도움을 주어 미국의 정책에 도움이 되도록 하는 접근 방식이었다.

이스라엘의 존재는 이 두 흐름, 냉전파와 지역파 간의 끊임없는 논쟁의 씨가 되었다. 냉전파가 이스라엘을 소련에 대한 방어벽이자 중동 방위의 보루라고 평가하는 데 비해, 지역파는 유대국가는 방어벽도 보루도 아니며 이스라엘에 편중하는 정책은 미국이 아랍 세계와 우호 관계를 쌓는 것을 저해한다고 주장한다. 전자가 이스라엘 우선정책이라고 한다면, 후자는 주로 국무성과 석유 자본을 배경으로 이스라엘과 아랍 세계 쌍방의 균형정책을 주장한다.

미국의 역대 대통령을 보면 전후 최초의 대통령인 트루먼은 이스라엘 건국을 도와주기도 하였고 또한 냉전의 길을 열어 간 탓에 이스라엘의 편을 들었는데, 그의 최대 고려사항은 미국 내 유대인의 표였다. 트루먼이 불가능하다고 보인 재선을 이루어 냈던 것도 유대인 표 덕분이었다고 한다. 이에 반해 공화당의 아이젠하워는 이스라엘을 미국의 세계 정책에 귀찮은 존재로 받아들인 감이 적지 않았다. 민주당의 케네디(John F. Kennedy)는 나세르와 친하게 지내며 균형을 유지하였지만, 존슨(Lyndon B. Johnson)은 이스라엘과 비공식 동맹관계를 추진했다.

1967년 6일전쟁에서 거둔 이스라엘의 승리는 두 흐름 중 이스라엘 우선정책의 최종적인 승리였다. 미국과 이스라엘을 연결하는 순탄하지 않았던 동맹의 길이 이제는 왕도로 넓혀졌고 미국 의회는 이스라엘 우선정책의 아성이 되었다. 의회는 재미 유대인의 로비 조직인 미국·이스라엘홍보위원회(AIPAC, American Israel Public Affairs Committee)의 강한 영향력하에 놓일 정도였다.

유대인 인구는 미국 내에서 3퍼센트도 안 되는 소수였으나 유대인의 로비는 강한 민족의식을 배경으로 거대한 정치자금을 모으며 엘리트층과 활동적인 대중을 기반으로 이스라엘의 이익을 위해 의회를 맹렬하게 공략했다. 이스라엘에 불리한 법안에 찬성한 의원은 집중적으로 공격하여 낙선시키는 실력까지 보였다. 그들의 위력은 대통령 선거에서도 발휘되었다.

1976년 선거에서 이스라엘에 대한 원조 삭감을 경고한 공화당의 포드(Gerald R. Ford) 후보는 민주당의 카터에게 패배하였고, 카터 또한 이스라엘의 점령지 식민계획을 비난함으로써 공화당의 레이건(Ronald W. Reagan)에게 패배하였다.

가장 공격적인 냉전의 전사로서 등장한 대통령인 레이건은 세계의 모든 분쟁을 미·소의 대립 축에 두면서 팔레스타인 문제를 완전히 무시하였다. 페르시아만의 권익과 석유 왕국의 안전을 미국의 중점 전략으로 삼고 이스라엘군의 레바논 침공을 공식적으로 지지한 사람도 레이건이다. 공화당 출신으로 민주당의 역대 어느 대통령보다 이처럼 철저히 이스라엘의 이해와 일심동체가 된 대통령은 레이건이 처음이었다.

미국의 유대인 사회는 1940년대부터 고립주의적인 공화당보다는 진보적이고 소수파 국민의 문제에 적극적으로 대처하는 민주당을 지지하였고, 특히 루스벨트(Franklin D. Roosevelt) 대통령은 압도적으로 유대인의 인기를 끌었다. 민주당의 정치자금 중 50~70퍼센트는 유대인의 헌금이었다. 따라서 민주당 출신 대통령은 이스라엘을 편애하였고 공화당 출신 대통령은 이스라엘에 강경한 자세를 취했다. 다만 이러한 도식은 레이건의 예에서 보듯이 오늘날 그 윤곽은 희미해지고 있다.

미국은 1948년부터 1992년까지 이스라엘에게 770억 달러의 원조를 제공하였고 그후에도 거의 조건 없이 매년 군사자금을 포함하여 30억 달러의 원조를 제공하고 있다. 그 밖에도 미국 유대인 사회에서 보내지는 자금이 이스라엘 국가 예산의 중요한 부분을 차지하고 있던 점을 고려하면 특수 관계는 기이한 양상조차 띠고 있었다. 미국 의회와 외교의 뿌리 깊은 고립주의 전통에서 보더라도 한층 이해하기 어려운 현상이다.

그럼 중동에서 소련의 책략을 방지하려고 애썼던 미국의 세계 전략이 어느 정도 정확하고 효과적이었는지를 살펴보자.

10월전쟁에 이은 석유 공황, 이란 이슬람 혁명, 이란 · 이라크 전쟁, 그리고 걸프전쟁 등은 모두 중동 내부에서 발생한 사건이며 외부의 유발과 책략을 비난할 성격의 일이 아니었다.

소련은 1970년대에 사다트에 의해 이집트에서 물러난 후 중동에서 미국에 대한 경쟁력을 완전히 잃어버렸다. 시리아 및 이라크와 동맹을 맺고 PLO에 성원을 보낸다 하더라도 수동적인 것이었다. 아프가니스탄이라는 수렁은 소련이 중동에 진출하여 행동할 발목을 잡았다. 소련은 이란 혁명에 등을 돌리고 사담 후세인의 야망에 반감을 표시하였다.

걸프 위기를 조성한 것은 오히려 미국 자신이었다. 이란과 사우디아라비아는 1973년부터 1980년까지 미국으로부터 300억 달러를 넘는 무기를 구입하였다. 페르시아만은 미 제5함대가 활개를 치고 미제 신무기가 넘치는 지역이 되었지만, 지역의 안전과 안정을 확보하기는커녕 오히려 미국으로부터 받은 신무기로 내전을 일삼는 야심가들만 출현하였다.●

3. 오슬로 합의

중동에서 일어난 사건들은 광명은 어둠을 낳고 어둠 뒤에는 광명이 오고 비운이 호기를 만드는 새옹지마의 고사와 같다. 마드

● 미국의 중동 정책에 대한 유대인의 로비 및 중동 정책의 형성에 대해서는 도이 도시쿠니(土井敏邦)의 『미국의 유대인(アメリカのユダヤ人)』 및 어비 슐라임(Avi Shlaim)의 『중동에서의 전쟁과 평화(*War and Peace in the Middle East*)』에서 많은 부분 참조했다.

리드 평화교섭도 성과가 전혀 없는 것은 아니었다. 걸프전쟁이 마드리드 회담을 낳았고 마드리드 회담이 오슬로 합의를 낳았기 때문이다.

노르웨이의 수도 오슬로에서 경이적인 타결안이 성립되었다. PLO와 이스라엘 간에 1993년 9월 팔레스타인 자치를 실현하기 위한 평화합의가 성립한 것이다. 지금까지 중동의 역사를 돌이켜 보건대 두 민족 주체가 존재를 서로 인정한 것은 획기적인 일이었다.

튀니지에서 파견된 PLO 간부와 이스라엘 대학인 간의 접촉에서 비롯된 전개 과정은 8개월 동안 열다섯 차례에 걸친 교섭으로 이루어졌다. 중개 역할을 한 것은 점령하의 사회생활에 대한 연구 전문가인 테리예 로에드라르센(Terje Rød-Larsen)이라는 노르웨이인 사회학자와 요한 홀스트(Johan Holst) 외무장관이었다.

미국 국무장관이 이 사실을 알게 된 것은 합의발표 직전이었으며 이는 중립적인 전통을 중시한 노르웨이의 공로였다. 마드리드 이후 주요 인물의 교체도 있었다. 1992년 이스라엘 총선거에서 15년간 권력을 장악해 온 우익 연합정권이 무너지면서 샤미르는 사라지고 노동당 정부의 라빈(Yitzhak Rabin) 총리와 페레스 외무장관이 등장하였고, 같은 해 가을 미국에서는 부시가 패배하고 민주당 클린턴(William J. Clinton)이 대통령 선거에서 승리하였다.

모든 것이 노르웨이에서 성립되었으나 1993년 9월 13일 팔레스타인 잠정자치에 관한 원칙선언은 클린턴을 오슬로 합의의 증인으로 삼아 워싱턴에서 조인되었다. 클린턴은 아라파트 PLO 의장과 라빈 총리를 초대하여 백악관 정원에서 화해의 악수를 나누게 하였다. 이는 클린턴 정권 초기에 성취한 생각지도 못했던 외교적 승리였다.

원래 오슬로 합의는 완전한 평화협정도 팔레스타인인이 주장하는 독립 회복과 국가 수립의 약속도 아니었다. 1948년의 전쟁으로 팔레스타인에서 쫓겨난 난민의 권리, 예루살렘의 장래 지위, 점령지의 유대인 이주자의 지위, 향후 팔레스타인 공동체의 경계 결정 등 각종 중대 사안은 앞으로 있을 교섭의 의제로 미룬다고 명기되었다. 그리고 화해로의 첫 실험으로 조인 후 4개월 내에 이스라엘군은 요르단강 서안 예리코(Jericho)와 가자 지구에서 철수하고 팔레스타인인에게 두 지역의 선행 자치를 맡기기로 하였다. 팔레스타인의 항구적 지위에 관련한 교섭은 예리코와 가자 철수 후 2년 이내에 시작하기로 하였다.

그러한 불충분한 준비에도 불구하고 50년이 넘도록 이어진 팔레스타인의 끝없는 전란을 생각하면 화해는 전대미문의 사건이었다. 이스라엘 국방장관이 "유혈과 눈물을 이제 끝내자"라고 호소하고, 당대의 게릴라 지도자가 '세기적 수난의 종말을 위하여'라며 악수를 나누었던 것이다.

클린턴이 이러한 외교적 승리를 거둔 것은 민주당 정권이 오슬로 합의에 이르기까지 부시 정권의 균형적 접근을 버리고 레이건 시대의 이스라엘 우선 노선으로 복귀했기 때문이다. 클린턴이 취

1993년 9월 13일 팔레스타인 잠정 자치에 관한 선언에 조인하기 위해 워싱턴에 모인 라빈 이스라엘 총리, 클린턴 미국 대통령, 아라파트 PLO의장(왼쪽부터)

임 초기에 최초로 결정한 것 중 하나는 부시가 보류하고 있던 100억 달러의 차관 제공을 이스라엘에게 약속한 일이었다. 클린턴 정권의 중동 정책은, 발족 당시부터 미국의 적이 페르시아만의 안정을 위협하는 이라크와 이란이며 유대인이 하는 일은 신용할 수 있지만 팔레스타인인은 제대로 된 일을 할 수 없다는 자세였다.

PLO는 석유 왕국으로부터의 재정 원조를 중단당하고 마드리드 교섭에서는 소외되고 팔레스타인 현지주민의 봉기에 부딪히며 고립되었으나, 아라파트로 하여금 노르웨이의 중재에 응하게 한 것은 미국의 새 정권이 팔레스타인 문제에 거의 무관심하고 중동의 평화에 대해서도 몰이해하기 때문에 기대할 수 없다는 점을 파악했기 때문이다.

이스라엘 노동당 정부의 라빈 총리와 페레스 외무장관이 오슬로 합의에 동의하게 된 것은 인티파다를 무력으로는 진압할 수 없다고 판단하였기 때문이다. 페레스는 이스라엘 정치무대에서 비둘기파로 분류되었는데, 과거에는 점령지의 식민지정책을 추진하고 레바논 폭격을 강행했던 인물이다. 라빈은 오슬로 합의가 천명되는 날까지 매파에 속한 인물이었다.

라빈은 1948년 팔레스타인전쟁 시 아랍인 촌락을 철저히 추방한 지휘관이며 1967년 전쟁 시는 다얀 장군의 참모총장으로서 전격적인 승리의 전략을 세운 인물이다.

팔레스타인 소년이 돌을 던져 시작된 인티파다 저항운동을 공식적으로 진압한 것은 당시 연립정권의 국방장관이던 라빈이다. 라빈이 노동당 정권의 총리가 되기까지 그에게 비둘기파다운 요소는 하나도 없었다. 팔레스타인 소년들의 불굴의 저항과 페레스 외무장관의 조언이 없었다면 그 독실한 군인 총리는 매파에서 비둘기파로 변모하지 않았을 것이다. 그리고 라빈의 뛰어난 점은 일단 평화를 추구하는 비둘기파로 돌아설 결심을 하자 망설이지 않고 실천한 점이다.

오슬로 합의는 팔레스타인 평화의 실현으로 직결되지는 않았지만 그때까지 그 지역에서 자행되어 온 아랍 세계와 이스라엘 간의 투쟁에 종말을 알렸다.

이스라엘의 지도자는, 홀로코스트의 비극에서 살아남은 유대인은 무력만이 살길이라며 아무것도 믿지 않았으며 같은 팔레스타인 땅에 사는 비유대인의 존재 따위는 거들떠보지도 않는다는 사상을 갖고 행동하였다. 따라서 이스라엘은 제1급 군사 국가로 성장하면서 전쟁에서 승리할수록 비참한 희생자처럼 행동하고 사면초가가 되어 문을 걸어 잠근 채 고립된 자처럼 행동하는 국가가 되었다. 고슴도치처럼 무장하고는 평화공존하에 살아가는 이스라엘의 미래상을 그릴 구상력조차 없었다.

아랍 세계의 지도자들도 유대인의 침략에 대해서 팔레스타인인을 지지하는 것은 민족의 정의라고 외치며 국민의 지지를 얻는데 성공하였다. 이스라엘과 투쟁하여야 하므로 민주화와 개혁은 잠시 뒷전으로 미루어 둘 수밖에 없다고 국민에게 변명하였다. 민족 감정과 열광을 부추겨 독재와 전제를 정당화하는 술수였다. 이스라엘과의 전쟁 상태는 아랍 세계의 정치적 정체를 변명하는 알리바이로 이용되었다. 그러나 팔레스타인인과 그 대표자 자신이 스스로 평화로의 길에 나선 이상 아랍 세계의 지도자들은 팔레스타인이라는 명분하에 더 이상 국민을 기만할 수는 없게 된 것이다.

4. 라빈 암살

오슬로 합의 이후 중동은 푸른 시대에 들어섰다. 피카소의 「푸른 시대」를 연상케 하는 분위기였던 것이다. 원대한 희망과 창조를 약속하는 이면에는 역류와 실망과 불안을 내포한 불안정한 분위기였다.

오슬로 합의는 모든 이웃을 만족시키지는 못했다. 이웃의 반응

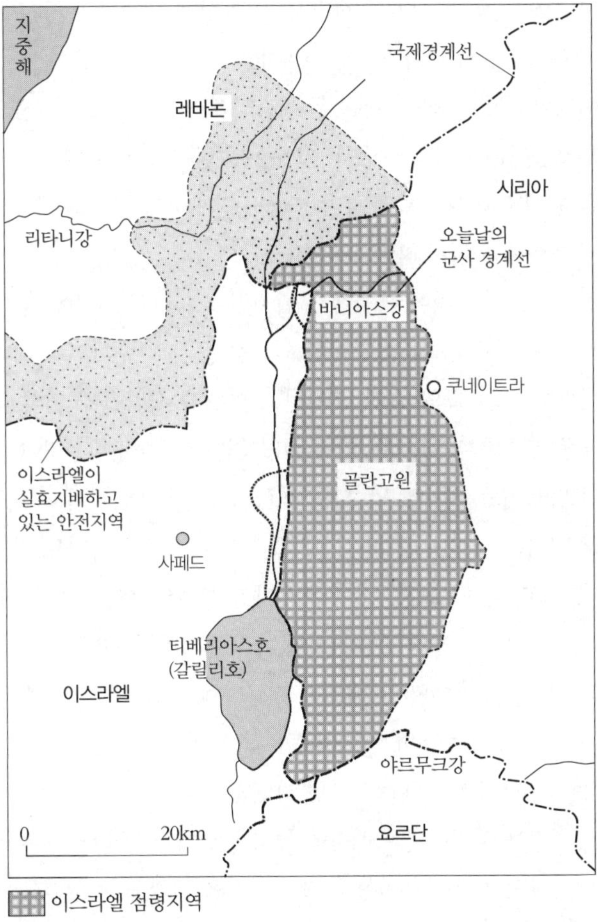

지도 8. 골란고원(1997년)

은 미묘하였고 요르단의 후세인 왕은 미래의 팔레스타인 공화제가 자신의 왕국에 위기를 몰고 올 가능성을 느끼고 미국의 보장하에 이스라엘과 평화조약을 맺었다.

시리아의 알아사드 대통령은 이스라엘과의 접촉에는 응했지만 평화교섭에는 응하지 않았다. 그는 1967년 전쟁에서 빼앗긴 골란고원의 전면 반환을 주장하며 조금도 양보하지 않았고 이스라엘과의 대화에 응하지 않았다.

알아사드는 시리아 역사에서 이례적으로 거의 30년에 걸친 장기통치를 성취했으나 잠재적인 적의를 품은 다수파인 수니파에 둘러싸여 그와 그의 출신 부족인 알라위파 사람들에 의한 국가지배를 영속화하려고 하였다. 이라크의 사담 후세인 권력이 그의 출신 타크리트 부족에 의해 장악되었듯이 시리아와 이라크의 바트당 권력은 마침내 근대 무기로 무장된 부족주의 국가로 변모하였다. 북부의 쿠르드족, 남부의 시아파 주민의 저항을 안고 있는 이라크는 앞으로도 가장 불안정한 나라로 남을 것이다.

이집트를 제외한 아랍 세계는 이스라엘과 전쟁할 능력이 없지만 시리아 없이는 레바논의 해방도 중동의 평화도 이룰 수 없다. 레바논 영토의 10퍼센트가 이스라엘군의 지배하에 있었다면 나머지 영토는 시리아의 지배하에 놓여 있었다. 이스라엘은 시리아와 대화하지 않고는 레바논 국경의 평화를 되찾을 수 없었다.

더욱 중대한 것은 오슬로 합의가 팔레스타인과 이스라엘 양 진영에 합의를 파기하고 평화로의 길을 방해하려는 무장투쟁과 폭력적 극단주의를 대두시켰다는 사실이다.

팔레스타인 내에 하마스(Hamas : 이슬람 저항 운동)라는 무장조직이 인티파다 저항 중에 생겨났다. 이 조직은 오슬로 합의를 파기하기 위하여 이스라엘과 팔레스타인 자치정부 쌍방에 테러를 가하게 되었다.

이스라엘의 우익 이데올로기는 신이 유대인에게 약속한 땅을 한 뼘이라도 이교도에게 양보하는 것은 신과 민족에 대한 배신으로 여겼다. 만약 그런 배신을 하는 유대인이 있다면, 그는 과거에 유대 민족을 괴롭히고 재산을 훔치고 고문을 한 박해자 중 최악의 자와 똑같다고 간주하여 재판 없이 죽인다고 해도 정의라는 결론에 도달했다. 이스라엘이 점거한 땅은 성서에 나타난 유대 민족 땅을 되찾은 것이며 전쟁으로 얻은 유데아와 사마리아(요르단강 서안)의 회복은 신의 계시에 대한 실현이다. 그 성스러운 토지의 일부를 빼앗긴다면 유대 민족은 멸망에 이르는 길을 걷게 되는 것으로 믿어 의심치 않았다.

그 선민 내셔널리즘과 메시아 대망(待望) 그리고 성서 신비주의가 혼합된 사상이 20년 동안 입주자와 유대교 원리주의 세력과 우익정치 그룹 간의 느슨한 삼위일체를 형성시켰다. 우익연합 지도자가 말하는 '안전보장'의 정치는 이러한 혼합 사상에 기초를 둔 정책이다. 과거 남아프리카의 백인우월주의 신권사상과 비슷했다.

이 사상에 입각하면 예리코와 가자에서 아랍인의 선행 자치를 허락한 노동당 정부의 시도는 민족의 자살을 꾀하는 폭거와 다름 없었다. 오슬로 합의를 폭력으로 막으려는 이스라엘 우익의 저항의 징조는 1994년 2월 사해의 서쪽에 위치한 헤브론(Hebron)에서 한 열광적인 유대인 이주자가 동굴 사원에서 기도를 드리는 아랍 주민 수십 명을 사살한 사건으로 나타났다. 헤브론에는 유대인과 아랍인 두 민족과 종교의 조상인 아브라함의 묘가 있다. 이 광신도로서는 신성한 무덤을 이교도에게 넘긴다는 것은 생명과도 바꿀 수 없는 일이었다.•

● 헤브론이 유대인과 아랍인 모두에게 성지가 된 이유는 아브라함(이브라힘)의 묘가 있기 때문이다. 유대인은 묘지를 막펠라 동굴이라고 부르고 아랍인은 이브라힘모스크라고 부른다. 『구약성서』의 「창세기」에 의하면 아브라함은 죽은 아내 사라를 묻기 위하여 이 동굴을 샀고 자신도 이곳에 묻혔다. 그리고 그의 일족인 이삭과 야곱, 레베카와 레아의 묘도 있다. 유대인은 이곳에 오래전부터 살고 있었는데 비잔티움, 아랍, 십자군, 이집트, 오스만투르크, 영국의 행정하에 속하는 등 중세로부터 영국의 지배가 끝날 때까지 동굴은 13세기 이후 모스크가 되어 유대인이 동굴에서 기도를 드리는 것은 금지되었다. 예부터 헤브론에 살던 유대인 대부분은 신비주의자였다. 영국이 위임통치를 하던 1929년 이곳에 사는 아랍인들이 유대인 지역을 습격하여 67명을 죽이고 생존자들은 추방하였다. 따라서 1967년 전쟁에서 이스라엘군의 점령하에 놓일 때까지 유대인은 한 명도 없었다. 점령 군정하에 유대인 이주자 중에서 가장 전투적이고 열광적인 신앙을 갖춘 그룹이 보복적으로 헤브론 중심부를 점거하였다. 16만 명의 아랍인을 45명의 무장 이주자가 점령군 병사와 일체가 되어 헤브론을 지배하였다. 아랍인 거주지에는 이슬람 무장조직인 하마스의 지하 거점이 존재하는 만큼 항상 긴장과 고난이 뒤덮여 있다. 열광적인 유대인에게는 영속적인 고난 속에 살아가는 것이 신에 대한 신앙의 길이었다. 1997년 1월 15일 이루어진 이스라엘과 PLO 간의 합의에서는 헤브론에서 이스라엘군 철수를 정하고 있었지만, 시내의 20퍼센트에 이르는 지역을 여전히 차지하

라빈과 페레스가 이끄는 노동당 정부는 헤브론 사건에 대하여 관대한 자세로 일관했다. 입주자는 분명 동굴을 지키는 이스라엘 병사와 결탁하여 모스크에 침입했음이 분명한데 이에 대해서는 조사도 하지 않았고, 자살하여 영웅시된 광신도의 무덤에는 순례자가 끊이지 않았다. 이 관대함이 헤브론 사건에 이어 또다시 중대한 비극을 초래하는 도화선이 되었다.

1995년 11월 4일 밤, 텔아비브 평화집회에 참석한 라빈 총리가 26세의 한 청년에 의해 암살되었다. 이스라엘 국민은 유대인이 유대인 지도자를 암살하리라고는 그 순간까지 아무도 믿지 않았었다. 청년은 예멘에서 온 광신적인 가정에서 자라났으며 극우의 법률학자에게서 배교자(背教者)를 죽이는 일은 정의라는 가르침을 받았다.

라빈 암살은 이 나라에 두 사상의 분열을 부각시켰다. 두 사상이란, 이스라엘의 미래는 아랍인 공동체와 평화적으로 공존하는 길밖에 없다는 사상과 이스라엘을 구제하려면 이교도를 팔레스타인에서 추방하여 신의 나라를 준비해야 한다는 사상이다. 이는 정치와 종교사상 간의 단절을 나타내는 것이며 이스라엘의 미래가 민주주의에 있느냐 파시즘에 있느냐 하는 갈림길이었다. 무력

고 있었고 점령구역에는 성역인 동굴과 모스크, 시장 등의 중심부가 포함되었다. 이스라엘 이주자는 1997년 현재 점령지 요르단강 서안 및 가자 지구에 15만 명, 예루살렘 동부 지구에 5만 명, 모두 20만 명에 달한다. 1992~1996년 사이의 이주자 총수는 46퍼센트나 급증하였다.

투쟁을 지속했을 뿐 미래를 설계할 틈조차 없었던 민족이 암살사건의 충격 속에서 명암의 갈림길에 서 있는 자신들을 보았다.

라빈 암살의 충격이 채 가시기도 전에 발생한 하마스 무장단의 일련의 테러와 보복의 악순환은 1996년 5월 총선거에서 노동당 정권을 제치고 다시 한 번 우익연합을 출현시켰으며, 신세대 지도자인 벤야민 네탄야후(Benjamin Netanyahu)가 총리가 되는 데 지대한 공헌을 하였다. 그가 유대인 정착촌 계획의 확대를 외치며 팔레스타인 국가의 수립과 골란 고원의 반환을 거부하고 안전보장을 최우선한다는 선언을 하자, 종교 세력은 성서가 이겼다고 기뻐하며 기도를 올렸다.

약속의 땅 사수를 맹세하며 영구적인 대이스라엘을 꿈꾸는 세력은 오슬로 합의를 파괴할 수 있을까?

오슬로 합의는 유대인과 팔레스타인인 두 민족 사회에 하나의 평화와 공존에 대한 설계도를 부여하였고 그 실현을 위해 행동하는 다이너미즘을 형성하였다. 이스라엘 내에도 팔레스타인인과의 공존에 찬성하는 중산계급과 평화를 주장하는 유력한 시민 운동이 자라고 있었고, 미미하나마 이스라엘과 아랍 세계 지식인 간에 교류가 이어졌다. 이 다이너미즘을 무시하고 낡은 이데올로기를 고수하면서 시계 바늘을 되돌리려고 한다면 우익 정치는 이스라엘을 재난의 수렁으로 빠지게 하는 것이 될 것이다.

곧 건국 50년을 맞이하는 이스라엘은 라빈 암살사건이 보여 준 평화 아니면 복고인지의 결정적 미래도에 대한 선택의 기로에 서 있었다. 아마도 바람직한 것은 오슬로의 중력이 복고를 지향하는 힘보다도 훨씬 강하게 이 선택을 좌우하게 될 것이다.

5. 세 가지 전망

예부터 중동은 비운을 안고 죽어 간 수많은 예언자의 무덤이었다. 예언자가 아닌 나로서는 중동과 관련된 다음과 같은 세 가지 전망을 설명할 수 있다.

첫째, 미국은 소련이 붕괴된 후 팔레스타인 평화를 진전시키는 보증인이 되었고 페르시아만과 아라비아 반도 및 그 석유자원의 안전을 지키는 헌병으로서 이 지역에 팍스 아메리카나를 만들었다. 압도적인 군사력과 기술력으로 볼 때 팍스 아메리카나는 과거 영국의 팍스 브리타니카를 넘는 무적의 신질서라고 볼 수 있다.

그러나 자세히 보면 팍스 아메리카나가 근거를 두고 있는 것은 중동의 구질서였다. 과거 냉전 체제에서 소련의 존재를 제외한 구체제일 뿐 새로운 질서는 아니다. 제1차 세계대전 후 유럽 열강이 중동에 사는 사람들의 뜻과 희망을 무시하고 세운 나라들과 열강이 마음대로 그은 국경선은 걸프전쟁 이후 더욱 굳어졌다. 걸프전쟁 후 부활한 석유 왕국과 수장국의 중세적 지배에도 변화가 없었다.

미국이 이러한 낡은 질서를 옹호하고 의존할수록 팍스 아메리카나를 지탱하는 지주는 흔들렸다. 대다수의 아랍인은 아라비아 반도에 주둔하는 미군을 성지를 오염시키는 이교도로 간주하고, 이러한 이교도를 옹호하는 왕가의 타락에 증오를 품고 있었다. 미국의 존재는 오히려 급진파 이슬람 운동을 확대시키고 이는 미국의 의도와는 달리 역효과를 낳고 있는 셈이었다. 사우드 왕가가 지배하는 가장 엄격한 청교도의 나라였던 사우디아라비아가 석유로 인한 부의 영화를 누리게 된 운명은 "인간은 그 조상을 닮기보다 시대를 닮는다"라는 아랍의 속담을 떠올리게 한다. 사우디아라비아 왕국에는 왕가에 대한 부족의 반란과 왕국에 주둔하는 미군을 표적으로 한 테러가 발생하고 있다. 만약 미국의 사우드 왕가에 대한 정책이 지금처럼 지속된다면 틀림없이 사우드 왕가의 지배체제를 위협하는 급진적이고 반서구적인 이슬람 운동이 출현하게 될 것이다.

미국과 이스라엘 간의 특수 관계, 즉 미국 정부와 의회의 이스라엘 우선 이데올로기는 오늘날 팔레스타인 평화의 진행을 저지하는 위험한 장해가 되고 있다.

중동에서 세계적 위기가 일어날 가능성이 큰 지역으로는 종래의 팔레스타인에서 아라비아 반도와 페르시아만으로 중점이 이동하고 있었다. 더구나 이 지역의 안전보장을 자처한 미국이 군사력을 과시할수록 팍스 아메리카나의 기반이 흔들리는 모순이 발생했다. 일본이 미국과 맺은 군사동맹과 기지협정은 미국의 중동 정책에 포함된 중요한 부분임을 간과해서는 안 된다.

세계의 원유매장량 1996년

(단위 : t)

	1978	1996
아프리카(리비아, 이집트 등)	78억 2,100만	99억 8,000만
북아메리카(미국, 캐나다)	48억 4,300만	37억 3,200만
라틴아메리카	54억 8,400만	175억 5,700만
극동 · 태평양(중국, 인도네시아 등)	54억 2,300만	59억 9,600만
서유럽(영국 등)	31억 5,300만	21억 2,500만
동유럽 · 구소련	106억 4,100만	80억 7,500만
중동	495억 7,400만	890억 6,600만
사우디아라비아	208억 8,700만	356억 3,500만
아랍에미리트	44억 2,400만	133억 8,400만
이라크	47억 700만	136억 4,300만
이란	84억 5,800만	120억 3,300만
쿠웨이트	95억 6,300만	131억 6,500만
오만	7억 7,100만	7억 100만
카타르	7억 6,400만	5억 500만
총계	869억 3,900만	1,365억 3,100만

* 출처 : 『Quid』 1997년판

둘째, 중동에서의 팍스 아메리카나가 서구의 걸프 석유에 대한 의존과 깊은 관련이 있음은 말할 필요가 없다. 2010년까지 세계는 수입 석유의 절반을 걸프에서 구해야 한다는 보고가 있다.

일본은 1970년대 두 차례에 걸친 석유 위기를 계기로 중동에 대한 석유 의존도를 줄이는 노력을 지속하여 중동산 석유 수입률은 67퍼센트(1987)까지 감소하였다. 그러나 그 이후 중동 원유가격이 큰 폭으로 하락하고 아시아 지역의 수출 여력이 감소하면서

1997년의 중동 의존도는 80퍼센트를 넘어 석유 위기 수준으로 돌아갔다.

미국적 생활양식에 의한 과도한 에너지 소비로 2010년까지는 중동 의존도가 높아질 것이다. 1979년 국내 소비의 45퍼센트를 수입에 의존했던 미국은 한때 32퍼센트까지 낮추기도 하였으나 1995년에는 50퍼센트를 넘어섰다. 수입 원유의 86퍼센트는 걸프산(産)이며 사우디산만도 15퍼센트였다.

미국의 역대 지도자들은 석유자원 보존에 놀라울 정도로 무관심하였다. 세계 석유 수입이 매년 2퍼센트 비율로 증가하고 있는 상황에서 중동의 예기치 못한 상황이 언제라도 또다시 석유 위기를 불러올 수 있다. 사우디아라비아 사회의 정체는 정치적 위기를 초래하고 미국이 통제할 수 없는 상황에 이를 수도 있다.

셋째, 이슬람의 미래에 대한 관측이다.

이슬람은 3대 계시종교 중 유대교, 그리스도교에 이어 7세기에 아라비아 반도에 등장한 종교로 세계의 이슬람 신도는 약 10억 명을 넘어 그리스도교 및 기타 종교 인구를 뛰어넘으려 하고 있다. 현재 이슬람 인구는 그 요람인 아랍 세계보다 아프리카와 아시아에서 현저히 증가하고 있으며 이미 5억 명을 넘어섰다. 아마도 2025년경에는 약 20억 명에 도달하여 가톨릭, 동방정교회를 포함한 그리스도교도의 증가보다 높은 성장률을 보일 것으로 추정된다.

이란에서 폭발한 이슬람 혁명의 영향력은 중동의 정치무대뿐만 아니라 세계 정치무대에서도 무시할 수 없게 되었다. 이슬람 인구의 급속한 증가를 고려하면 미래의 이슬람은 더욱 영향력이 커질 것이다.

이슬람의 개화는 19세기 후반부터 주로 사상영역에서 이집트와 시리아의 지식인 사이에 이루어졌다. 이란 혁명이 특별한 의미를 갖는 까닭은, 제2차 세계대전 후 중동 각지에서 탄생한 새로운 사회계급이 그들의 독립과 정치 참여를 요구하고 정체성을 모색하며 다양한 사상을 추구하고 운동을 거듭해 온 끊임없는 투쟁 끝에 얻은 발견의 하나이기 때문이다. 각종 사상과 정치운동이 아랍 세계에 등장하였다. 특히 이슬람 세계와는 이질적인 이스라엘이라는 국가와 국민의 출현은 나세르주의가 상징하는 카우미야 즉 아랍 민족통합운동, 와타니야 즉 국권 내셔널리즘의 운동(이집트를 위한 이집트 또는 이라크를 위한 이라크 등), 바트당 사회주의, 공산주의, 파시즘, 서구화 추구 등의 사상과 운동의 전개에 자극을 주었다.

이러한 정치운동은 무슬림동포단을 제외하면 일반적으로 정교분리의 색채를 띠고 있다. 원래 정교분리라고는 하지만 이슬람의 정교분리는 서구 사회의 정교분리와는 색채가 달라 완전한 분리는 아니다.

이란의 이슬람 혁명은 그러한 암중모색의 결과로서 발견한 사상 운동이었다. 처음에는 시아파 신비주의 전통을 갖는 이란이기 때문에 그 같은 혁명이 발생하였다는 설명이 있었지만, 현재 이슬람 정치운동은 수니파 국가들에게도 널리 퍼져 있다. 이제는 중동에서 이슬람 정치운동과 연관되지 않는 국가는 하나도 없다.

이는 일반적으로 이슬람원리주의라고 부른다. 원리주의는 영어의 fundamentalism을 번역한 말인데 의미하는 바는 다양하다. 코란에 계시된 이슬람 원초의 정신과 모럴을 추구하여 현세에 실현하고자 하는 접근도 있으며, 코란을 엄격하게 해석하여 복고를 추구하는 극단적인 접근도 있다. 그러한 접근방법을 정치와 군사운동으로 표현하여 마침내는 테러에 이르는 그룹이 나타나면서 원리주의는 테러리즘과 동의어로 인식되기에 이르렀다.

중동 국가들에게 이슬람은 그들의 주체와 독립을 추구하는 사상과 운동 과정 속에서 점점 중요한 지위를 차지하며 다양해질 것이다. 이란의 성직자 지배는 1979년 이슬람 혁명이 내건 목표에 아직 도달하지 않았을 뿐만 아니라 국민의 권리를 침해하는 일탈이 이루어지고 있다. 이슬람주의의 사상과 운동 일반에 대해서는 아직 결론을 내릴 수 없다. 무함마드의 언행을 기록한 『하디스(*Hadith*)』에 예언자는 "우리 신도들 전원이 잘못에 대해 일치한다는 것은 있을 수 없는 일이다"라고 쓰여 있다.

다음 세기의 문명 충돌을 예상하며 그리스도교 문명에 대한 이슬람 문명의 기본적 대결을 예언하는 사람들도 있다. 아마도 서구, 특히 미국의 세계 정책이 이슬람 세계에서 당면하는 갖가지 어려움을 미래 설계도에 투영하여 그와 같은 예언이 나왔을 것이다.

명심할 것은 중동의 위대한 예언자의 묘지에는 도저히 헤아릴 수 없을 만큼 오랜 세월에 걸쳐 시류에 편승한 거짓 예언자의 시신도 많이 묻혀 있다는 사실이다.

관련사항 연표

1945년

5월 7~8일	독일 항복
6월 26일	샌프란시스코 유엔 창립 총회, 유엔 헌장 조인
9월 2일	일본이 항복문서 조인, 제2차 세계대전 종식

1947년

11월 29일	유엔, 팔레스타인 분할안 가결 → 1948년 5월 14일 이스라엘 건국 선언. 아랍국들이 분할안을 거부하고 팔레스타인 진격, 팔레스타인전쟁(제1차 중동전쟁) 발발 → 1949년 5월 11일 이스라엘, 유엔 가입

1951년

4월 28일	이란의 모사데크 정권, 석유 국유화 선언 → 1953년 8월 19일 모사데크, 군사 쿠데타로 붕괴

1952년

7월 23일	이집트 혁명, 자유장교단이 권력을 장악하고 왕정 전복 → 1956년 7월 26일 나세르가 수에즈 운하 국유화 선언 → 1956년 10월 29일 영국 · 프랑스 양국, 이스라엘과 합동으로 수에즈 운하 회복 군사작전 전개. 수에즈전쟁(제2차 중동전쟁)으로 유럽 지배 종식

1958년

2월 1일 이집트와 시리아 합병으로 아랍연합공화국 탄생
→ 1958년 7월 4일 바그다드에 군사 혁명이 발생하여 이라크 왕정 붕괴
→ 1961년 10월 5일 이집트와 시리아 합병 해체

1964년

5월 29일 팔레스타인해방기구(PLO) 창립
→ 1969년 2월 4일 야세르 아라파트 PLO의 지도권 장악

1967년

6월 5~10일 6일전쟁(제3차 중동전쟁) 발생, 이스라엘군이 이집트군 괴멸

1970년

9월 28일 나세르 서거, 10월 15일 이집트 대통령에 사다트 취임
→ 1973년 10월 6일 이집트군이 수에즈 지대 이스라엘군 기습(제4차 중동전쟁 또는 10월전쟁, 속죄일의 전쟁)에 성공, 이스라엘 불패 신화 깨짐

11월 16일 시리아의 알아사드가 바트당 군사 정권 장악

1974년

10월 28일 모로코의 라바트에서 아랍 수뇌 회담, PLO를 팔레스타인 인민의 유일한 대표자로 인정
→ 1974년 11월 22일 유엔이 팔레스타인인의 독립과 자결권을 인정, PLO는 옵서버 지위 획득

1975년

4월 13일 레바논내전 발발
→ 1991년 5월 22일 레바논은 시리아군의 영속적 주둔을 인정하는 협정을 맺어 시리아의 영향하에 들어감

1977년

5월 17일 이스라엘 총선거에서 노동당 천하가 붕괴, 우익연합(리쿠드) 정권 출현

11월 19~21일 이집트 대통령 사다트가 역사적인 이스라엘 방문

→ 1978년 9월 17일 이집트 · 이스라엘, 캠프 데이비드 평화합의 조인

→ 1979년 3월 26일 이집트 · 이스라엘 평화조약 성립

→ 1981년 10월 6일 사다트 암살

1979년

2월 1일 이란의 이슬람 혁명 성공으로 팔레비 왕은 망명하고 호메이니 귀국, 왕정 폐지

4월 1일 이슬람공화국 수립

12월 27일 소련군 아프가니스탄 침입

→ 1989년 2월 15일 소련군 철수 후에도 내전 계속

1980년

9월 23일 이라크군, 이란에 침입하여 8년에 이르는 소모 전쟁 시작

→ 1988년 8월 정전 성립

1987년

12월 이스라엘 점령하 전 지역에서 팔레스타인인 봉기(인티파다) 시작, 1993년까지 지속

1990년

8월 2일 이라크군 쿠웨이트 침공

→ 1991년 1월 16일 미군의 이라크 폭격으로 걸프전쟁 개시, 미군이 주도하는 다국적군의 작전은 42일간 지속

→ 2월 26일 이라크가 유엔의 결의 수락, 2월 28일 미국은 군사행동 종결

1991년

10월 30일　마드리드 중동 평화회담 개시, 팔레스타인 대표를 포함한 아랍국과 이스라엘 간 최초의 접촉. 평화교섭은 1992년 1월부터 워싱턴으로 이동, 12월 17일 종결

1992년

6월 23일　이스라엘 총선거에서 노동당이 승리, 라빈 · 페레스 정권 성립

→ 1993년 9월 9~10일 오슬로 합의 결과, 이스라엘과 PLO는 상호 승인

→ 1993년 9월 13일 라빈 수상과 아라파트 의장, 워싱턴에서 팔레스타인 잠정 자치결정을 위한 원칙 선언에 서명. 이스라엘 이 가자 지구와 예리코를 반환하는 것에서 시작하여 팔레스타인인 자치를 확대하기로 함

→ 1994년 2월 25일 광신적인 유대인 이주자, 헤브론의 모스크에서 기도를 드리는 팔레스타인인 살해

1995년

9월 28일　라빈 수상과 아라파트 의장, 팔레스타인인의 자치를 요르단강 서안의 7개 도시(헤브론 포함)에 확대하는 협정 조인

11월 4일　라빈 암살

1996년

5월 29일　이스라엘 총선거에서 우익정권인 네탄야후 정권이 출현하여 평화 프로세스를 후퇴시키는 강경 정책 전개

옮긴이의 글

이 책은 중동문제 저널리스트인 후지무라 신이 1997년 이와나미출판사에서 출간한 책을 우리말로 번역한 것이다. 1950년대부터 신문사 특파원으로 카이로를 비롯한 주요 중동 국가의 취재 경험을 바탕으로 제2차 세계대전 후부터 1956년 수에즈전쟁, 1967년 6일전쟁, 1979년 이란혁명, 1991년 걸프전쟁에 이르기까지 반세기에 걸친 중동의 현대사를 일반 독자가 객관적인 시각에서 이해하기 쉽게 서술하고 있다.

제2차 세계대전 후의 중동의 역사를 한눈에 파악할 수 있도록 체계적으로 잘 정리한 일종의 통사(通史)라고 할 수 있으며, 지금까지 중동의 현대사에 대해 단편적 사실만 알고 있는 독자라면 이 책을 통해 전체상을 파악하는 데 커다란 도움이 될 것이다. 지금으로부터 약 10년 전에 출판된 책이지만 미국의 이라크침공과 그 배후에 있는 소위 네오콘(NEOCON)의 책략 등 근래에 벌어진 중동사태를 이해하는 데 좋은 참고가 될 수 있는 역사교양서라고 추천할 수 있다.

중동의 역사나 이슬람권 문화에 대해 우리는 과연 얼마나 알고 있을까? 57개국 13억으로 추산되는 인구를 가진 이슬람지역에 대한 한국인의 무관심과 편견, 무지는 심각한 수준이다. 국내의 이슬람 전문가는 손꼽을 지경이고 대학교의 이슬람문화 및 아랍어 관련 학과는 극소수이다. 당연히 이슬람권 문화, 정치 ,사회에 대한 학문적 연구 또한 지극히 저조한 실정이다. 그 때문에 미국의 이라크침공 등 중동지역에서 사건이 터질 때마다 알 수 있듯이 한국 정부나 한국의 언론 매체들은 객관적이고 정확한 취재를 통해 보도할 수 있는 능력을 갖추지 못하고 있다. 서구 중심의, 특히 미국 중심의 편협하고 왜곡된 소위 오리엔탈리즘이라는 프리즘을 통해 일방적이고 주관적인 정보가 전달될 뿐이다. 정보를 여과하고 우리 나름대로 해석할 수 있는 능력이 없는 것이다.

우리나라는 경제협력개발기구(OECD) 가입국 중에서 이슬람 연구가 가장 미진한 나라로 분류되고 있다. 경제 선진국 가운데 이슬람에 대한 연구가 가장 뒤떨어진, 이웃 나라 일본의 예만 보더라도 우리보다 전문 인력도 훨씬 많으며 정부 차원은 물론 민간 차원에서도 중동 및 이슬람 전문가 양성에 힘을 기울이고 있다. 전 세계 면적의 4분의 1 혹은 3분의 1에 해당하는 인구를 갖고 있는 이슬람 지역에 대한 전문 인력 양성을 위한 지속적이고 장기적인 투자가 그 어느 때보다 절실하다고 볼 수 있다.

원유의 70퍼센트 이상을 중동에서 수입하는 한국으로서는 중동과의 자원외교는 무척 중요한 문제이다. 이슬람권에서 우리의 주력 수출 상품인 자동차 · 전자제품 등이 인지도나 시장점유율 면에서 매우 높은 비중을 차지하고 있고, 또한 한국인과 한국 상품에 대한 호감도 높은 편이나, 우리 국민의 이슬람 지역에 대한 관심은 극히 미미하다고 볼 수 있다. 이슬람문화에 대한 몰이해는 비단 우리나라만의 현상은 아니어서, 미국과 유럽문화에 익숙해져 있거나 그들의 편향된 시각에 길들어 있는 대부분의 기독교문화권 국가의 국민은 이슬람문화를 일부다처제로 대변되는 '미개한 문화' 라든가 '테러리스트' 또는 '전쟁' 등 지극히 부정적이고 단편적 이미지를 갖고 있다.

이슬람세계에 대한 우리의 왜곡 사례 역시 심각한 수준이다. 국내 이슬람문화 연구자들이 지적하듯이 우리나라 교과서에 실린 이슬람에 대한 왜곡사례의 예로서 '알라신' 을 들 수 있다. 이슬람교는 기독교와 똑같이 성경을 믿는다. 아랍어로 알라는 하느님을 뜻한다. 알라신은 성경에 나오는 하느님을 아랍어로 표기한 것이다. '알라' 라는 단어는 하느님의 이름이며 아랍어 모국어로 쓰는 사람들이 사용한다. 아랍인 무슬림이나 아랍인 기독교인들 모두 하느님을 가리킬 때에는 '알라' 라고 한다. 이 단어는 '한 분이신 진짜 하느님' 을 가리킬 때를 제외하고는 그 어느 것에도 사용할 수 없다. 그런데 우리나라 교과서에는 알라신이 또 다른 신인 것처럼 가르치고 있다. 그리고 이슬람교는 우상숭배를 금지하기 때문에 예언자의 얼굴을 그림으로 그리지 않는다. 그러나 우리 교과서에는 마호메트 사진이 실려 있다. 또한 '페르시아만' 이라는 표기도 잘못되었다. 페르시아만이라는 지명을 사용하는 이슬람권 국가는 이란뿐이다. 나머지 22개국은 '아랍만' 이라고 표기한다.

이슬람은 아랍어로 '복종, 항복, 순종' 등을 의미한다. 종교로서의 이슬람은 하느님에 대한 완전한 복종과 순종을 나타내며, 이 때문에 이 종교가 이슬람이라고 불리는 것이다. 이슬람의 또 다른 의미는 '평화' 이다. 이는 하느님에게 복종과 순종을 할 때에만 몸과 마음이 진정한 평화를 이룰 수 있다는 뜻이다. 그러한 복종의 삶을 통하여 마음에 평안이 오고 사회 전반에 걸쳐 진정한 평화를 이룩할 수 있다는 것이다.

그러나 제2차 세계대전 후 중동지역 이슬람 국가들의 역사는 이러한 이슬람의 이상과는 달리 충돌과 알력으로 얼룩진 반세기였다. 중동에서 일어난 크고 작은 사태의 저변에는 항상 석유가 존재한다는 저자의 지적과 같이, 풍부하게 매장된 석유자원은 이 지역에 번영과 부를 가져다 줌과 동시에 불행의 유산이기도 하였다.

21세기 말에는 세계 인구의 절반 가량이 이슬람문명권에 속할 것으로 예상되고 있다. 독자들이 이 책을 통해 제2차 세계대전 후 반세기에 걸친 중동의 역사적 맥락을 파악하여 현재 처해 있는 중동의 정세를 이해할 수 있고, 나아가 중동 및 이슬람세계에 대한 관심을 갖게 된다면 더할 나위 없는 보람이겠다.

아쉽게도 저자 후지무라 신은 이 책의 국내 출간을 보지 못하고 지난 2006년 8월 12일에 프랑스 파리에서 82세를 일기로 타계하였다. 옮긴이로서 삼가 고인의 명복을 비는 바이다. 끝으로 이 책의 국내 출판을 주선한 한림대학교 일본학연구소와 도서출판 소화의 관계자 여러분께 깊은 감사의 말씀을 드린다.

지은이 소개

1924년 일본 도쿄에서 태어났고, 1949년 도쿄대학교 문학부를 졸업했다. 1955~1957년 신문사 특파원으로 중동 여러 나라를 방문했고 1967년 이후 파리에 살며 잡지에 기고하는 등 기자로 활동했다. 중동 전문가로서 수 차례에 걸친 중동전쟁을 현장에서 목격했고 걸프전쟁 당시에도 이집트를 방문했다. 2006년 파리에서 세상을 떠났다.
저서로는 『얄타—전후사의 기점』, 『사막에 갈망한 것 중동 1944~1958』, 『아름다운 나라 프랑스』 등이 있다.

옮긴이 소개

전주고등학교와 전북대학교 정치외교학과를 졸업한 후 한국외국어대학교 동시통역대학원에서 일본어 통번역을 전공했다. 1993년 일본 문부성 초청으로 도일, 국립가나자와대학에서 법학 박사학위를 취득한 후 성공회대와 전주대 등에서 강의를 하였고 최근까지 사법제도개혁추진위원회에서 활동하였다. 현재는 일본학술진흥회 초청으로 홋카이도대학 법학연구과에서 객원연구원으로 체류 중이다. 역서로는 『창조하는 도시』(도서출판 소화) 등이 있다.

한림신서 일본학총서 발간에 즈음하여

1995년은 제2차 세계대전이 끝나고 우리나라가 일본 식민지에서 해방된 지 50년이 되는 해이며, 한 · 일간에 국교정상화가 이루어진 지 30년을 헤아리는 해이다. 한 · 일 양국은 이러한 역사를 되돌아보면서 앞으로 크게 변화될 세계사 속에서 동북아시아의 평화와 번영을 추구해야 하리라고 생각한다.

한림대학교 일본학연구소는 이러한 역사의 앞날을 전망하면서 1994년 3월에 출범하였다. 무엇보다도 일본을 바르게 알고 한국과 일본을 비교하면서 학문적 · 문화적 교류를 모색할 생각이다.

본 연구소는 일본학에 관한 자료를 수집하고 제반 과제를 한 · 일간에 공동으로 조사 · 연구하며 그 결과가 실제로 한 · 일 관계 발전에 이바지할 수 있도록 노력하고자 한다. 그러한 사업의 일환으로 여기에 일본에 관한 기본적인 도서를 엄선하여 번역 출판하기로 했다. 아직 우리나라에는 일본에 관한 양서가 충분히 소개되지 못했다고 느껴지기 때문이다.

본 연구소는 조사와 연구, 기타 사업이 한국 전체를 위해야 한다고 생각하며 한 · 일 양국만이 아니라 다른 여러 나라의 연구자나 연구 기관과 유대를 가지고 세계적인 시야에서 일을 추진해 나갈 것이다. 그러므로 누구나 열린 마음으로 본 연구소가 뜻하는 일에 참여해 주기를 바란다.

한림신서 일본학총서가 우리 문화에 기여하고 21세기를 향한 동북아시아의 상호 이해를 더하며 평화와 번영을 증진시키는 데 보탬이 되기를 바란다. 많은 분의 성원을 기대해 마지않는다.

1995년 5월

한림대학교 일본학연구소